中国经验

司法审判工作的法律责任与政治责任协同路径研究

张　松◎著

光明日报出版社

图书在版编目（CIP）数据

司法审判工作的法律责任与政治责任协同路径研究 /
张松著 . -- 北京：光明日报出版社，2024.9. -- ISBN
978 - 7 - 5194 - 8265 - 7

Ⅰ . D925. 04

中国国家版本馆 CIP 数据核字第 2024TC3829 号

司法审判工作的法律责任与政治责任协同路径研究

SIFA SHENPAN GONGZUO DE FALÜ ZEREN YU ZHENGZHI ZEREN
XIETONG LUJING YANJIU

著　　者：张　松			
责任编辑：章小可		责任校对：郭玫君　李海慧	
封面设计：中联华文		责任印制：曹　净	

出版发行：光明日报出版社

地　　址：北京市西城区永安路 106 号，100050

电　　话：010-63169890（咨询），010-63131930（邮购）

传　　真：010-63131930

网　　址：http://book. gmw. cn

E － mail：gmrbcbs@ gmw. cn

法律顾问：北京市兰台律师事务所龚柳方律师

印　　刷：三河市华东印刷有限公司

装　　订：三河市华东印刷有限公司

本书如有破损、缺页、装订错误，请与本社联系调换，电话：010-63131930

开　　本：170mm×240mm

字　　数：131 千字　　　　　　印　　张：11. 5

版　　次：2025 年 1 月第 1 版　　印　　次：2025 年 1 月第 1 次印刷

书　　号：ISBN 978 - 7 - 5194 - 8265 - 7

定　　价：85. 00 元

前　言

　　在中国特色社会主义政治体制和中国特色社会主义法治体系中，有关于司法审判工作的法律责任与政治责任问题居于重要位置，在一定程度上影响着我国的法治发展和政治清明。中国共产党是一个由400多万个基层党组织、9000多万名党员组成的世界大党，在长期艰苦卓绝的革命、建设和改革实践中，中国共产党带领全体中国人民创建、巩固和发展了中国特色社会主义法治，形成了较为稳定、先进、持续的政治和法治关系，确立了较为成熟、科学、系统的党领导法治建设的模式。自党的十八大以来，中国特色社会主义进入新时代，我国也开启了全面推进依法治国的新征程，习近平总书记站在党和国家工作全局高度，以政治家、思想家、战略家的判断力、创造力、洞察力，针对全面依法治国中的政治和法治、党和法、依法治国和依规治党等关系问题提出了一系列重要命题，针对党法关系中的"谁来领导""为何领导""如何领导"等关键问题作出了科学回答。无论是在中央全面依法治国委员会第一次会议上提出的"十个坚持"，还是在中央全面依法治国工作会议上提出的"十一个坚持"，习近平总书记始终都把坚持党对全面依法治国的领导摆到首要位置，这将直接推动党领导法治建设的科学化、制度化、法治化发展。如今，司法体制改革作为全面深化改革和全面依法治国的重要抓手和突破重点，被纳入"五位一体"总体布局统筹推进和"四个全面"战略布局协调推进。在此之前，我国司法改革运动已经经历了近30年的实践，从起步阶段的规范诉讼程序和证据规则到科学设置法院内部的管理方式，再到当下对司法进行更深层、更系统、更全面的体制机制改革，使司法改革由点及面、由内到外、由浅至深地全面推广开来，取得了诸多历史性成就。当下，中国法学与政治学的学科定位在经历了政治学全面统领法学到法学呼唤学科独立，再到法学与政治学的交融发展后，目前法律政治学作为集中反映关于法律与政治密切关系的政治现象和政治事务的交叉性学科，政治和法律的关系是该学科的核心问题，而在司法领域中探讨坚持和完善党的领导乃是政治和法律关系的重要切面。在全面推进依法治国和加快建设法治中国的新阶段，随着中国共产党领导全方位法治建设的持续深入推进，以执政党为核心的政治活动和以法律运行为核心的司法活动的关系更为密切，政治活动与法律实施之间的交织、纠葛与调适必然需要政治制度和法律制度的同向发力和协同并进予以保障。应当说，如何科学理解司法审判工作的法律责任与政治责任，如何有效促进司法审判工作的法律责任与政治责任协同问题已成为法学和政治学研究的重大课题，本书正是在此背景之下将司法审判工作的法律责任与政治责任协同路径作为研究选题，并对司法审判工作的法律责任与政治责任协同的理论基础、历史脉络、现实考察和实现路径等问题做出回答。以上问题的层层递进，共同建构起本书的逻辑主线，对这些问题的详细阐述，也体现出本书论证的内在逻辑思路。

　　一是司法审判工作法律责任与政治责任协同的理论基础。若要厘清司法审判工作中的法律责任与政治责任的关系问题，一个基础性的问题就是要明晰"党的领导"和"司法"两个核心概念的科学内涵。从端本正源的角度出发，将"党的领导"界定为中国共产党为实现其所预先设定的政治目标和其所代表的阶级利益，以组织和支持人民当家作主为本质内容，以权力、权威、制度等为中介手段，以管理党组织和党员、推荐重要干部、提出党的主张等为主要方式，对国家和社会各方面所产生的影响和作用。将"司法"限定为人民法院的审判活动，将司法权限定为人民法院的审判权。从本体论的角度对司法的本质属性进行更深层次的理论分析，认为司法在权力载体意义上，将具有独判性、受动性、终局性、政策性、国家性的政治属性，发挥着维护社会秩序、制定公共政策、制约与平衡政治权利以及保障和促进政权合法性等政治功能；在审判权能意义上，其将具有法律性、中立性、程序性、专业性、说理性的法治属性，发挥解决争端、适用法律、救济权利、寻求公正的法治功能。可以说，司法的法治属性与政治属性共同形塑观照着司法的完整性，这也就意味着在司法裁判的具体实践中存在着法条主义与自由裁判的有机融合，也就决定了党的领导与独立行使审判权之间不可避免地存在着内在张力关系，其中所蕴含的法理命题则在于坚持和加强党的全面领导制度是党领导司法的根本保证、丰富和完善党的领导方式和执政方式是党领导司法的关键所在、充分保障依法独立公正行使司法权是党领导司法的核心方略。

　　二是司法审判工作法律责任与政治责任协同的历史演进。司法体制作为一个兼具政治与法律双重属性、主观与客观有机结合的制度产物，具有浓厚的文化传统和独特的价值取向，其在中国共产党领导下的法治运行模式孕育于抗日战争和解放战争时期的根据地和解放区，新中国成立初期得以初步成型，伴随着改革开放的东风加快发展，并在党的十八大以后取得全方位、多层次的突破性进展，成为推进国家治理体系和治理能力现代化的重要基石。可以说，在中国共产党建党以来的百年发展进程中，依据党的建设及实际工作需要，在不同阶段依据不同任务着力开展司法领域党内法规制度建设，并不断朝着体系化、规范化、科学化的方向迈进，集中体现了党领导司法工作理论的制度成果。通过对司法领域党内法规制度建设百年探索历程进行系统考察，透视制度成长的内在逻辑，以政治和法律的辩证统一为理论基点，围绕党的领导、人民当家作主和依法治国基本维度，采取科学执政、民主执政、依法执政的领导方式加强党对司法工作的政治领导、思想领导和组织领导，并以规划、决策、执行、监督、评估为核心，分析党领导司法工作的运行机制。在法治中国建设推进、国家治理现代化提升的时代背景下，这些弥足珍贵的经验积累可为当代司法审判工作的法律责任与政治责任协同发展提供更为明确的建设方向，这不仅需要坚持党对司法工作的全面有力领导，也需要结合司法工作自身属性充分保障司法机关依法独立公正行使司法权，进而全方位提高司法审判工作法律责任与政治责任协同的制度建设水平。

　　三是司法审判工作法律责任与政治责任协同的现实考察。加强党的领导法治化不仅是推进全面依法治国的必然要求，也是完善党的领导方式和执政方式的必由之路。"党支持司法"作为党的领导法治化的具体实施路径，促使法治建设逐步迈入科学系统的全新阶段。而若要在司法领域中实现党的领导法治化，不仅要求中国共产党在国家法律范围内履行职责，亦需运用党内法规规范行为，从而有力彰显党规国法"双轮驱动"，共同保障司法体系良好运行的法治优势。与此同时，党内法规的司法适用作为人民法院根据法定职权和法定程序，将党内法规运用于司法审判过程的专门活动，是深入推进中国特色社会主义法治体系建设的重要内容，是充分彰显中国特色社会主义法治实践逻辑的具体体现。然而，从检视党领导司法工作的法治化建设现状的宏观角度出发，国法保障力度不足和党规体系系统化建设程度不够等问题的存在难以为党领导司法提供更加科学有效的法治保障；从检视党内法规司法适用的微观角度出发，通过对中国裁判文书网上2013—2021年涉及党内法规适用的304份裁判文书的案件类型、法院层级、时间地域等基本情况和诉讼程序、提供主体、适用目的、法院态度等程序方法进行统计分析，发现不同类型、不同层级、不同年份、不同地域的案件中对于党内法规融入司法裁判并不排斥，但在实践过程中存在着认知、互动、论证和规范等问题。

四是司法审判工作法律责任与政治责任协同的实现路径。这是本书的最后一个部分，也是最重要的部分。本部分旨在全面勾勒出司法审判工作法律责任与政治责任协同的基本路径。首先，需明确司法审判工作法律责任与政治责任协同的基本原则，即坚持宪法至上与党章为本的有机统一、坚持依法治国与依规治党的有机统一、坚持党的领导与依法独立公正行使司法权的有机统一。其次，需建构司法审判工作法律责任与政治责任协同的法治实施路径，即由国家法律进行抽象确认的国法路径和由党内法规进行细化规定的党规路径。其中，国法路径表明除了要在宪法中明确党对司法的领导以外，还应当在司法机关组织法、司法相关人员主体法等法律中确认党的领导原则。党规路径具体采用"1+3+X"模式予以体系化设计。通过二者之间的沟通配合，形成党管司法的制度合力，从而更加坚定有力地引领中国司法现代化的法治航程。最后，需规范党内法规的司法适用，既要理性认知党内法规的司法适用，又要运用有效识别和建立案例类型图谱的方法严格规范党内法规的司法适用。由此实现党的领导和司法审判辩证统一的共赢关系。

为清晰地对以上论题进行符合逻辑性的、层层递进式的研究，本书作绪论和四章的结构安排。绪论主要是对选题背景、研究现状、研究价值、研究方法及基本框架的阐述。第一章为司法审判工作法律责任与政治责任协同的理论基础研究，具体包括"党的领导"和"司法"的科学界定、"党的领导"和"司法"关系的科学定位以及坚持中国共产党领导司法理论指南的科学分析三方面。第二章为司法审判工作法律责任与政治责任协同的历史演进研究，具体包括回溯司法审判工作法律责任与政治责任协同的历史轨迹、透视司法审判工作法律责任与政治责任协同的内在要素、考察司法审判工作法律责任与政治责任协同的运行机制三方面。第三章为司法审判工作法律责任与政治责任协同的现实考察研究，具体包括国家法律涉及"党的领导"规定的制度样态、党内法规涉及"党领导司法"规定的制度样态和司法裁判中党内法规的具体适用三方面。第四章为司法审判工作法律责任与政治责任协同的实现路径研究。具体包括司法审判工作法律责任与政治责任协同的基本原则、司法审判工作法律责任与政治责任协同的制度建构和司法裁判适用党内法规的完善之策三方面。

目　录
CONTENTS

绪 论

一、选题背景

新中国成立以来，中国共产党作为我国领导党和执政党，所具有的双重属性使其能够基于自身的政治优势、组织优势和思想优势，充分发挥党总揽全局、协调各方的领导核心作用，并在治国理政的征途中有力彰显党的领导制度和执政制度的强大生命力和显著优越性。党的十八大以来，我们党基于中国特色社会主义实际，着眼永葆党的生机活力、国家治理体系的科学精进和国家治理能力的提升优化，科学探索出党对全面依法治国集中领导、统一安排、高效决策的制度化、法治化路径。其中，不仅将党内法规体系与法律规范体系共同作为构成法治中国的"双驱"强动力，进一步丰富"中国之治"的制度内涵，而且通过依法治国和依规治党的同向发力实现建成法治国家、法治政府、法治社会的伟大目标，进而将党和国家工作更好地纳入法治化运行轨道。然而，现阶段在全面依法治国的实际推进过程中仍存在着较为复杂的深层矛盾和颇为严峻的任务形势，"立法、执法、司法、守法等方面都存在不少薄弱环节，法治领域改革面临许多难啃的硬骨头，迫切需要从党中央层面加强统筹协调"①。其中，司法作为人权救济的最后防线，若站位统筹推进"五位一体"总体布局和协调推进"四个全面"战略布局而将其纳入国家政治体制、党的建设制度、党和国家机构改革整体部署之中，就更加迫切需要发挥党的领导所具有的顶层设计、谋划布局、有序推动的"定海神针"作用。对此，以习近平同志为核心的党中央提出了全面深化改革、加快建设法治国家的战略方针，并将全方位推进司法体制改革置于全面深化改革、全面依法治国的重要地位，司法体系和司法能力现代化建设的新突破、新发展、新成就对于推进国家治理体系和治理能力现代化具有重要意义，即习近平总书记所指出的："深化司法体制改革，建设公正高效权威的社会主义司法制度，是推进国家治理体系和治理能力现代化的重要举措。"② 因为"国家治理现代化的重要标志是国家治理法治化，国家治理现代化、法治化的一个重要方面是提升司法在国家治理体系中的地位，更好地发挥司法在国家治理中的重要功能作用"③。针对司法实践中存在的突出问题，2013 年党的十八届三中全会站位党和国家工作宏观大局，全面部署司法体制改革的战略方向、推进原则、重点任务等，为本轮改革指明了前行的道路。2014 年党的十八届四中全会是党的历史上第一次以法治建设为主题召开的中央全会，会议通过的《中共中央关于全面推进依法治国若干重大问题的决定》将"保证公正司法，提高司法公信力"设为专章突出强调，并将党的十八届三中全会关于司法体制改革的战略布局系统划分为六方面的司法改革的重点

---

① 习近平．加强党对全面依法治国的领导［EB/OL］．求是，2019-02-16．

② 习近平．习近平谈治国理政：第 2 卷［M］．北京：外文出版社，2017：130．

③ 张文显．司法改革的政治定性［J］．法制与社会发展，2014，20（6）：5-7．

难点问题和相关解决方案。在此后的 2015 年，中共中央办公厅、国务院办公厅专门印发了《关于贯彻落实党的十八届四中全会决定进一步深化司法体制和社会体制改革的实施方案》，从而为如何深入推进司法体制改革描绘了清晰的路线图和时间表，司法机关以此为基陆续出台了具体的改革方案。2019 年，在最高人民法院发布的《关于深化人民法院司法体制综合配套改革的意见——人民法院第五个五年改革纲要（2019—2023）》中，围绕人民法院依法独立公正行使司法权的目标，提出了包括人民法院完善坚持党的领导制度体系、健全服务和保障大局制度体系、健全以人民为中心的诉讼服务制度体系等十方面共 65 项改革举措，以期深入贯彻习近平总书记全面依法治国新理念、新思想、新战略，推动公正、高效、权威的中国特色社会主义司法制度更加成熟、更加定型。应当说，本轮司法体制改革的核心就在于"如何更好地遵循司法规律"，而其中将涉及司法审判工作中法律责任与政治责任协同这一问题。针对有部分人所提出的司法"去政治化"主张，习近平总书记明确指出，"我国司法制度是党领导人民在长期实践中建立和发展起来的，总体上与我国国情和我国社会主义制度是适应的"①，"深化司法体制改革，是要更好坚持党的领导、更好发挥我国司法制度的特色、更好促进社会公平正义"②。习近平总书记还强调："保证司法机关依法独立公正行使职权是我们党的明确主张。"③"各级党组织和领导干部要适应科学执政、民主执政、依法执政的要求，支持政法系统各单位依照宪法法律

① 习近平. 习近平谈治国理政：第 2 卷［M］. 北京：外文出版社，2017：130.
② 中共中央文献研究室. 习近平关于全面依法治国论述摘编［M］. 北京：中央文献出版社，2015：77.
③ 中共中央文献研究室. 习近平关于全面依法治国论述摘编［M］. 北京：中央文献出版社，2015：69.

独立负责、协调一致开展工作。"① 习近平总书记这些关于"党和国家
依法独立公正行使司法权"关系的阐述,对于如何更进一步推动司法审
判工作的法律责任与政治责任协调具有很强的指导意义。应当说,如何
正确认识并有效推进司法审判工作法律责任与政治责任的功能协同,不
仅是深化司法体制改革的基本问题,也是推进政治体制改革的前提问
题,更是全面依法治国、建构法治中国过程中必须面对的一个重大理论
问题和实践问题,其不但关涉司法制度在政治层面大是大非的立场问
题,还是司法实践中司法机关如何遵循司法客观规律、践行法治运行规
律的重要话题。应当说,司法审判工作法律责任与政治责任的协同推进
是一项庞杂的系统工作,其中在法治轨道上运行对于推进公正司法、为
民司法具有重要的意义。理论界和实务界均认可司法审判工作需要法律
责任与政治责任的协同推进,但就如何在司法审判工作中更好地推进法
律责任与政治责任的协同发展,还有待进一步深入研究。实际上,若要
回答这一系列问题,必定离不开逻辑清晰、思路明确、站位高远的成体
系化的理论基石,必定离不开一整套科学完备、系统规范、运行有效的
司法管理体制及决策、执行、监督等运行机制的有力保障,而这一庞大
的"工程"并非国家法律体系或党内法规体系"单打独斗"能够完成。
由此,如何科学建构司法审判工作法律责任与政治责任的协同路径是笔
者开展研究的总体问题。笔者的研究目标并不限于论证司法审判工作法
律责任与政治责任的理论基础,而是通过在梳理司法审判工作法律责任
与政治责任的历史进程、总结司法审判工作法律责任与政治责任的实践

---

① 中共中央文献研究室. 习近平关于全面依法治国论述摘编 [M]. 北京:中央文
献出版社,2015:70.

经验的基础上，试图勾勒出蕴含法治逻辑的司法审判工作法律责任与政治责任协同推进的理想图景。

二、研究现状

（一）相关研究现状

国内学者对于司法审判工作的法律责任与政治责任协同的专门研究较少，对此论题的研究一般存在于政治与法律、党管政法、司法体制改革等关联主题的探讨中，论域所涉建党以来至今的时间长度，从基层到中央的级别跨度，从西部边陲到沿海地区的空间广度，涉及立案到执行等司法运行的诸多维度。论述方式包括从话语、符号到组织、机制等多重角度。理论视角涵盖法学、法哲学、政治学、法律政治学、社会学、经济学等知识范畴。

1. 司法审判工作法律责任与政治责任的基础理论研究

（1）普遍性问题分析。探讨了政治与法律、政治与司法①等关系问

---

① 张文显. 张文显法学文选：卷五：部门法哲学 [M]. 北京：法律出版社，2011；张文显. 张文显法学文选：卷六：法治与法治国家 [M]. 北京：法律出版社，2011；赵长生. 法律与政治相互关系之多重透视 [J]. 法律科学（西北政法学院学报），1991（3）：16-21；赵震江，付子堂. 论政治法治化 [J]. 中外法学，1998（3）：29-35；姚建宗. 法律与发展研究导论 [M]. 吉林：吉林大学出版社，1998；姚建宗. 法律的政治逻辑阐释 [J]. 政治学研究，2010（2）：32-40；姚建宗. 论法律与政治的共生：法律政治学导论 [J]. 学习与探索，2010（4）：59-63；卓泽渊. 法政治学 [M]. 北京：法律出版社，2005；卓泽渊. 政治是法律的基础 [J]. 学习与探索，2005（5）：101-102；卓泽渊. 法政治学研究 [M]. 北京：法律出版社，2011；周祖成. 法律与政治：共生中的超越和博弈 [J]. 现代法学，2012，34（6）：56-63；汪太贤. 对立与依存：法与政治关系中的两大传统 [J]. 学习与探索，2005（5）；朱景文. 法律是一种规则政治 [J]. 学习与探索，2005（5）：89；葛洪义. 政治·理性·法律 [J]. 学习与探索，2005（5）：89-91.

题，现达成的基本共识是无可否认司法的政治本质，司法只有符合所属社会政治结构的总体设计，才有其存在的价值与空间。①

（2）具体性问题分析。将当代中国政治与司法关系议题转化为更为具体的主题：如苏力考察中国基层特别是农村司法制度的政治历史背景，以此分析基层司法运行中的政治逻辑。② 顾培东从司法生态构成要素之一的政治生态视角研究政治与司法的关系，体现在结构定位、尊重自主、资源供给、权威维护之中。③ 孙笑侠侧重对司法与民意、司法职业性与平民性问题的关注，阐述司法的"政治力学"现象。④ 马长山以公共舆论与司法之关系为切入点，分析"领导批示"和"社会舆论"两个法外"政治合法性"对司法过程的影响。⑤ 何青洲依据政治正义理论，认为党对司法产生间接实质影响需要通过将其政治正义观法治理念

---

① 顾培东. 当代中国司法生态及其改善 [J]. 法学研究, 2016, 38（2）: 23-41; 江必新. 正确认识司法与政治的关系 [J]. 求是, 2009（24）: 51-53; 江国华. 常识与理性（十）: 司法技术与司法政治之法理及其兼容 [J]. 河北法学, 2011, 29（12）: 30-38; 李树民. 当代中国司法公信力建构的政治蕴含 [J]. 当代法学, 2013, 27（6）: 104-114; 公丕祥. 当代中国的自主型司法改革道路: 基于中国司法国情的初步分析 [J]. 法律科学（西北政法大学学报）, 2010, 28（3）: 40-55.

② 苏力. 送法下乡: 中国基层司法制度研究 [M]. 北京: 北京大学出版社, 2022.

③ 顾培东. 当代中国司法生态及其改善 [J]. 法学研究, 2016, 38（2）: 23-41.

④ 孙笑侠. 司法的政治力学: 民众、媒体、为政者、当事人与司法官的关系分析 [J]. 中国法学, 2011（2）: 57-69.

⑤ 马长山. 公共政策合法性的民主化重建: 公共领域视野下的"医改"进程审视 [J]. 浙江社会科学, 2011（11）: 58-66, 82, 157; 马长山. 法外"政治合法性"对司法过程的影响及其消除: 以"李国和案"为例 [J]. 法商研究, 2013, 30（5）: 3-11; 马长山. 媒体介入司法之"危险"与"忠诚"争议的背后: 重拾张金柱案 [J]. 社会科学研究, 2014（3）: 65-72; 马长山. 公共议题下的权力"抵抗"逻辑: "彭水诗案"中舆论监督与公权力之间的博弈分析 [J]. 法律科学（西北政法大学学报）, 2014, 32（1）: 21-29; 马长山. 网络反腐的"体制外"运行及其风险控制 [J]. 法商研究, 2014, 31（6）: 3-11.

化，在法治范围内实现政治正义。① 徐钝以国家治理变迁的视角运用新经济社会学的嵌入性理论提出司法能力具有政治嵌入性的观点。② 汪庆华通过对我国行政诉讼进行实证考察，释明司法嵌入党政运作机制所呈现出的"选择性司法"和"嵌入性司法"特性。③

2. 政法体制对司法工作的形塑观照研究

（1）政法体制的多重视角研究。其一，知识社会学视角。如周尚君梳理了"党管政法"体制下党与政法关系的演进轨迹和基本规律。④ 刘忠剖析了政法委员会构成及其运作机制的变迁过程。⑤ 崔言鹏、高新民探索了中国特色党政关系的艰辛构建历程以不断推进当下协同高效的党政关系现代化建设。⑥ 其二，结构主义视角。如侯猛在阐述当代中国政法体制形成及其意义的基础上提出政法体制包括条块关系（以块块管理为主的同级党委领导体制）和央地关系（党内分级归口管理和中央集中统一领导体制）。⑦ 张洪涛认为解决审者不判、判者不审的关键在于将法院内可与审判分离的等级结构因素从法院中分离出来。⑧ 其

① 何青洲. 政治正义的司法实现 [J]. 政治法学研究，2014，2（2）：42-98.
② 徐钝. 司法能力嵌入与生成机理：以国家治理变迁为分析语境 [D]. 武汉：武汉大学，2016.
③ 汪庆华. 政治中的司法：中国行政诉讼的法律社会学考察 [M]. 北京：清华大学出版社，2011：24.
④ 周尚君. 党管政法：党与政法关系的演进 [J]. 法学研究，2017，39（1）：196-208.
⑤ 刘忠. "党管政法"思想的组织史生成（1949—1958）[J]. 法学家，2013（2）：16-32.
⑥ 崔言鹏，高新民. 中国特色党政关系构建的理论背景、历史进路和新趋势 [J]. 理论导刊，2018（8）：4-12.
⑦ 侯猛. 当代中国政法体制的形成及意义 [J]. 法学研究，2016，38（6）：3-16.
⑧ 张洪涛. 司法之所以为司法的组织结构依据：论中国法院改革的核心问题之所在 [J]. 现代法学，2010，32（1）：32-42.

三，组织社会学视角。如刘忠将法院组织科层形态加剧归因于法院对中国社会复杂性剧增所导致的复杂社会冲突的回应。① 郑智航认为党管政法体制的组织目标是发挥党的政治势能来协调和整合各部门的利益，解决法律实施过程中的碎片化问题。②

（2）政法体制对司法体制改革的影响研究。张文显提出了司法体制改革的政治方向和限度由政治体制改革所决定。③ 左卫民、何永军探讨了政法体制与中国当前司法理性的关系。④ 侯猛分析了政法体制对当下司法改革的制约作用。⑤ 冯象从话语系统的角度分析了"新法治"与政法体制的冲突。⑥ 谌洪果分析了"枫桥经验"与中国特色法治生成模式的关系。⑦ 刘全娥展现了边区曲折而完整的司法改革历史以阐释其具有的"政法传统"系统特征。⑧

---

① 刘忠．论中国法院的分庭管理制度［J］．法制与社会发展，2005，15（5）：124-135.

② 郑智航．党管政法的组织基础与实施机制：一种组织社会学的分析［J］．吉林大学社会科学学报，2019，59（5）：61-70.

③ 张文显．司法改革的政治定性［J］．法制与社会发展，2014，20（6）：5-7.

④ 左卫民，何永军．政法传统与司法理性：以最高法院信访制度为中心的研究［J］．四川大学学报（哲学社会科学版），2005（1）：111-119.

⑤ 侯猛．中国的司法模式：传统与改革［J］．法商研究，2009，26（6）：58-64.

⑥ 冯象．法学三十年：重新出发［J］．读书，2008（9）：20-28.

⑦ 谌洪果．"枫桥经验"与中国特色的法治生成模式［J］．法律科学（西北政法大学学报），2009，27（1）：17-28.

⑧ 刘全娥．陕甘宁边区司法改革与"政法传统"的形成［D］．长春：吉林大学，2012.

3. 司法审判工作法律责任与政治责任的治理逻辑研究

（1）司法审判工作法律责任与政治责任的宏观思路考察。① 理论界形成的基本结论是坚持党对司法的全面领导与保证依法独立公正行使司法权之间是高度统一和内在一致的。相关制度设计重心集中于两方面，一是建立和巩固向司法机构灌输执政党的方针政策，强化主流意识形态对司法渗透和影响的常规渠道；二是从体制改革上丰富党对司法的领导，为司法机关维护法律基本原则提供必要的制度保障。

（2）司法审判工作法律责任与政治责任的经验总结研究。当下此类研究通常出于对司法制度或司法理念的现存样态或改革方略进行讨论，全面涵盖了从司法的性质、价值到法院、法官、司法程序和司法决策方式等内容，这些研究最终指向依法独立公正行使司法权的重要面向。如王亚新、李谦从法院行政化管理以及审判集体决策机制的内部视角出发对当前司法改革的政策导向进行分析。② 陈光中、龙宗智从全景视角展示司法改革中依法独立公正行使审判权、司法去行政化等若干重

---

① 王建林．论坚持并改善党对司法的领导 [J]．广西社会科学，2011（6）：1-4；熊秋红．中国司法建设：回顾与反思 [J]．理论月刊，2010（4）：5-12；汪习根，明海英．坚定不移走中国特色社会主义法治道路 [N]．中国社会科学报，2021-03-19（5）；顾培东．中国司法改革的宏观思考 [J]．法学研究，2000，22（3）：3-16；郭道晖．司法改革与改善党对司法的领导 [J]．改革，2002（1）：108-115，127；徐显明．司法改革二十题 [J]．法学，1999（9）：4-8；陈光中，龙宗智．关于深化司法改革若干问题的思考 [J]．中国法学，2013（4）：5-14；陈卫东．改革开放四十年中国司法改革的回顾与展望 [J]．中外法学，2018，30（6）：1405-1422；江国华．论司法改革的五个前提性问题 [J]．政治与法律，2015（3）：2-9．
② 王亚新，李谦．解读司法改革：走向权能、资源与责任之新的均衡 [J]．清华法学，2014，8（5）：103-113．

大理论问题的实然与应然，以审视中国司法的逻辑与经验。① 陈卫东提出要实现司法机关依法独立行使职权，就要有针对性地解决司法地方化与司法行政化问题。②

（3）司法审判工作法律责任与政治责任的规范层面研究。以一些现代法治建设的部分制度设置和实践样态作为主要切入点。如关于案件请示汇报问题，侯忠泽认为可对这种制度进行改良完善并提出党委过问案件的基本原则。③ 关于审判权内部运行机制问题，方乐从制度举措角度强调以庭审为中心塑造审判权运行模式对于提高司法公信力具有重要意义。④ 关于法官管理体制的研究，艾佳慧从社会学的角度对我国法院当前等级制度和绩效考核制度进行深入研究，并提出绩效考核制度与法官行使审判权的相关性。⑤ 刘忠结合法院内部的深层结构问题，得出了经过竞争上岗制度激发的等级制度是促成我国法院内部权力运行行政化的核心原因的结论。⑥ 陈瑞华通过对不同模式司法责任制的成因、制度空间、局限性和实施障碍进行分析，为改革中的法官责任制度模式的选择确立基本准则。⑦

---

① 陈光中，龙宗智. 关于深化司法改革若干问题的思考 [J]. 中国法学，2013（4）：5-14.
② 陈卫东. 司法机关依法独立行使职权研究 [J]. 中国法学，2014（2）：20-49.
③ 侯忠泽. 略论法院独立审判与党委领导 [J]. 河北法学，1984（6）：21.
④ 方乐. 审判权内部运行机制改革的制度资源与模式选择 [J]. 法学，2015（3）：26-40.
⑤ 艾佳慧. 中国法院绩效考评制度研究："同构性"和"双轨制"的逻辑及其问题 [J]. 法制与社会发展，2008（5）：70-84.
⑥ 刘忠. 格、职、级与竞争上岗：法院内部秩序的深层结构 [J]. 清华法学，2014，8（2）：146-163.
⑦ 陈瑞华. 法官责任制度的三种模式 [J]. 法学研究，2015，37（4）：4-22.

（二）研究简评

1. 基础理论研究扎实但不全面。理论界针对司法的政治属性以及法律、司法与政治关系等普遍性和特殊性问题的一般性分析，为本书研究提供了可资借鉴的理论资源和知识参照。但内容上鲜有关于"政党""司法""领导权"等基本概念界定，少有结合司法属性功能，罕有领导权与司法权的关系研讨以及政党与司法关系的本质研究，不利于梳理、辨析已有论争的模糊、混乱之处。

2. 政法体制研究深入但不完整。法学界越来越关注党政体制对司法的影响这一问题，从历史角度梳理政法体制在中国的形成过程即对当下中国体制改革的意义和影响，从静态角度揭示党管政法的组织结构和组织形式，从动态角度阐释司法机关在党政体制中的依赖关系和对党政体制的具体回应策略，从而客观理性分析党的领导和司法运作的关系等问题。但综合性考察不足，较少从宏观、整体层面对当代中国司法的政治逻辑进行系统性考察。分析性研究不深，很少具体揭示我国遵循的政治运作逻辑及其影响下的司法呈现出的政治特性。制度性探索不够，如党内法规制度等需要跟进支撑。

3. 司法改革研究丰富但不系统。中国法学界经历了中国问题与普适价值、"法教义学"和"社科法学"等问题的激烈争论后，逐步在规范分析和实证研究的沟通与结合上达成了共识，司法实践中特定领域、局部环节、具体方面的基本特征、演进规律、改革趋向等问题已经基本澄清，从外在形式上指出我国司法实践受到政治逻辑的形塑。但阐释新中国成立以来我国司法运作政治逻辑的体系性稍有不足。要么泛泛而论我国司法运作表征了政治逻辑，因而停留于宏观意义上的抽象层面；要么陷入繁琐杂多的具体司法现象层面，巨细无遗地罗列我国司法运作特定环节受到政治形塑的表层现象。研究司法审判工作中法律责任与政治责任的协同路径较为单一，未能深入厘清受政治逻辑形塑的司法模式的复杂性、动态性。

三、研究价值

（一）理论价值

第一，丰富和深化司法审判工作法律责任与政治责任协同的理论体系。尽管司法审判工作法律责任与政治责任的相关研究成果非常丰硕，但是具体到法治路径建构领域，相关研究成果并不充沛。在有限的研究成果中，研究的内容多少又存在一定的同质性和重复性，缺少立体性和层次性。相关研究成果多是国家顶层战略设计、立法完善方面的建议，而较少有党规国法并轨运行、具体适用有序开展的相关内容。本书在对"党的领导"进行规范阐释、对"司法"属性做出学理判断的基础上深入挖掘司法审判工作法律责任与政治责任的相关理论，丰富并不断深化司法审判工作法律责任与政治责任的理论体系。

第二，充分运用跨学科研究的方法，系统地阐述司法审判工作法律责任与政治责任协同的相关问题。司法审判工作法律责任与政治责任的协同推进是一个与政治学和法学均高度相关的理论问题。本书立足于本单位跨学科建设的优势，利用笔者法学和政治学多学科研究的优势，采用法学与政治学交叉的研究方法，全方位、立体化地阐述司法审判工作法律责任与政治责任协同的法治路径建构。

第三，本书采取实证的态度，关注司法审判工作法律责任与政治责

任协同的相关具体实践，为司法审判工作法律责任与政治责任协同的路
径建构提供坚实的实践基础。理论源于实践，司法审判工作法律责任与
政治责任的法治协同路径建设必然不能脱离司法实践。本书围绕党内法
规的可司法化问题，运用"理论联系实际"这一马克思主义的认识论
和方法论，以党内法规在司法实践中的运行状况为切入点，透视党内法
规司法化的现实问题，从学理概括和学术阐发的角度深入探究党内法规
司法化的指导理念，系统分析党内法规司法化的识别标准和规范要件，
研讨党内法规具体适用于司法过程的主要方法，从而为司法审判工作法
律责任与政治责任的协同研究提供鲜活的研究素材，并以此探讨司法审
判工作法律责任与政治责任的协同发展趋向。

（二）应用价值

第一，服务决策为司法审判工作的法律责任与政治责任协同推进的
相关决策提供意见和参考。在法治化的轨道上推进司法审判工作法律责
任与政治责任的协同发展是加强司法工作的基本路径。本书全面地、系
统地从宏观角度阐述了司法审判工作的法律责任与政治责任协同的基本
原则、制度架构，从微观角度阐述了党内法规在司法适用过程中的基本
思路，为司法工作的法治化发展描绘了具体的蓝图和前进的方向，从而
服务于党和国家的相关决策，为党和国家的相关决策提供智力支持、意
见参考。

第二，直面司法审判工作法律责任与政治责任的具体实践，有针对
性地提出具体的建构路径。既有研究主要是从理论到理论，对司法审判
工作的法律责任与政治责任协同进行理想化地设计，较少关注到当下司
法审判工作的法律责任与政治责任协同的具体实践。既有研究成果从党

的领导整体推进、司法体制改革宏观部署等方面所提出的相关建议往往可以套用于类似其他法律问题之上而不违和，因此相关的建议难免在针对性上存在不足。本书旨在分别考察司法审判工作的法律责任与政治责任在国家法律制度建设、党内法规制度建设、党内法规司法适用等方面的具体实践活动，从供给侧的角度分析司法审判工作法律责任与政治责任的法治供给需求，从而有针对性地提出司法审判工作的法律责任与政治责任协同发展的具体方案。

第三，促进党内法规与国家法治体系的深度融合，提升党内法规司法适用的规范化水平。党内法规作为中国特色社会主义法治体系的有机组成部分，乃是中国特色社会主义法治的特色所在与优势所在。同时，党内法规作为治国理政依据、依法执政遵循和中国特色社会主义法治规范形态的基本属性，使其具有对外效应日益显现的现实基础。本书通过聚焦司法审判中的党内法规适用问题，描述党内法规司法化的实践样态，寻找党内法规与司法审判的现实结合点，系统阐释党内法规适用于司法过程中的基本问题，厘清党内法规在中国特色社会主义法治体系中的地位和作用。一方面，有利于为党内法规与国家法律的相辅相成、相互促进和相互保障的实践关系提供理论资源，为将党内法规更好地融入中国特色社会主义法治体系提供理论支撑；另一方面，有利于克服党内法规司法适用中的运行障碍，破解党内法规的司法实践操作难题，提升人民法院应用党内法规处理案件的质量和水平。

四、研究方法

（一）资料收集与文献整理研究方法

收集、整理中外司法制度相关研究文献，包括国外司法研究的各种文献、各国司法工作发展的大量资料、中国司法制度与法治建设的相关文献资料，建立党领导司法工作法治路径研究资料库。

（二）调查研究与口述历史研究方法

司法审判工作法律责任与政治责任的协同路径研究必然涉及大量的人与事，本书计划通过调查访谈相关学者、司法人员，包括参与司法工作的相关人员，了解我国司法机关的运作机制、现实问题与改革方向。其中，将选取部分法官和研究学者安排访谈和口述历史调查，形成口述史记录，作为党领导司法工作法治路径研究的重要资料来源。

（三）定性分析与定量统计研究方法

司法审判工作的法律责任与政治责任协同路径研究需要在比较与借鉴的基础上进行归纳和总结，分析其特点与优点、贡献与局限、价值与意义、问题与前景，自然离不开定性分析。例如，思考中国共产党治国理政与推进司法工作发展的中国方案和中国智慧。与此同时，司法审判工作的法律责任与政治责任协同路径研究也需要大量的定量研究。例如，关于司法机关的组成人员，关于司法审判工作法律责任与政治责任协同的历史变迁等，均需要进行定量统计分析。

五、基本框架

本书以司法审判工作的法律责任与政治责任协同为研究对象，从理论、历史、实践和制度四个维度解析司法审判工作法律责任与政治责任协同推进的基本逻辑。

第一章：司法审判工作法律责任与政治责任协同的理论基础。具体包括"党的领导"和"司法"的科学界定、"党的领导"和"司法"关系的科学定位以及坚持中国共产党领导司法理论指南的科学分析三方面。第一小部分科学界定"党的领导"和"司法"包括"党的领导"的基本内涵和"司法"的基本属性两个子部分。就"党的领导"的基本内涵而言，在理解"领导"的基础上，考察"党的领导"的历史逻辑，进而对其做出相对精准的概念表述，并从领导目标、领导实质、领导主体、领导客体、领导内容、领导方式等方面对"党的领导"进行深层次的理论解析。就"司法"的基本属性而言，在明确将"司法"界定为法官运用法律处理案件的活动的基础上，揭示出司法的本质属性是法治属性与政治属性，二者共同形塑观照着司法的完整性。第二小部分是科学定位"党的领导"和"司法"的关系，基于对"张力关系"的理论解读，认为"党的领导"和"司法"之间应属于内在张力关系。一方面，应明确党的领导是政治上、组织上的领导以及方针、路线的领导；另一方面，应加强并不断改善党对司法工作的领导。第三小部分是科学分析坚持中国共产党领导司法的理论指南，这一小部分又具体包括三方面的内容：其一，坚持和加强党的领导制度是党领导司法的根本保证；其二，改革和完善党的领导方式和执政方式是党领导司法的关键所在；其三，充分保障依法独立公正行使司法权是党领导司法的核心方略。

第二章：司法审判工作法律责任与政治责任协同的历史演进。具体包括回溯司法审判工作法律责任与政治责任协同的历史轨迹、透视司法审判工作法律责任与政治责任协同的内在要素、考察司法审判工作法律责任与政治责任协同的运行机制三方面。第一小部分回溯司法审判工作法律责任与政治责任协同的历史脉络以党代会报告、公报、决议、决定、党章等文本材料为线索，具体区分萌芽形成时期（1921—1949）、曲折前行时期（1949—1978）、稳步推进时期（1978—2012）、全面发展时期（2012— ）四个历史阶段梳理司法模式的演变。第二小部分透视司法审判工作法律责任与政治责任协同的内在要素具体包括三方面的内容：其一，党的领导、人民当家作主与依法治国的基本维度；其二，政治领导、组织领导与思想领导的基本内容；其三，科学执政、民主执政与依法执政的基本方式。第三小部分考察司法审判工作法律责任与政治责任协同的运行机制具体又包括三方面的内容：其一，建立党对司法的全面领导制度；其二，形成党对司法集中统一领导的整体布局；其三，强化党领导司法的协调机制。

第三章：司法审判工作法律责任与政治责任协同的现实考察。具体包括国家法律涉及"党的领导"规定的制度样态、党内法规涉及"党领导司法"规定的制度样态和司法裁判中党内法规的具体适用三方面。第一小部分通过梳理国家法律关于"党的领导"制度规定可以发现，在司法领域中对"党的领导"进行抽象规定的立法例仅限于《法官法》《检察官法》中关于法官、检察官任职条件的设置，且未明确载明"坚持中国共产党对国家司法工作的领导"，继而衍生的问题主要包括法律保障力度不足和政治保障功能欠佳两方面。第二小部分通过梳理党内法规关于"党领导司法"制度规定可以发现，党内法规文件中对于司法审判工作法律责任与政治责任协同的主要内容有四方面：一是坚持和加强党对司法工作的领导；二是改革和完善党对司法工作的领导方式；三是充分保障依法独立公正行使司法权；四是着力解决违法违规干预司法问题。主要问题：一是存在党内法规内部衔接协调不当的问题；二是存在党内法规细化程度不够的问题；三是存在党规国法契合性不足的问题。第三小部分通过对中国裁判文书网上 2013—2021 年涉及党内法规适用的 304 份裁判文书的案件类型、法院层级、时间地域等基本情况和诉讼程序、提供主体、适用目的、法院态度等程序方法进行统计分析，发现不同类型、不同层级、不同年份、不同地域的案件中对于党内法规融入司法裁判并不排斥，但存在着识别、互动、论证和规范问题。

第四章：司法审判工作法律责任与政治责任协同的实现路径。具体包括司法审判工作法律责任与政治责任协同的基本原则、司法审判工作法律责任与政治责任协同的制度建构和司法裁判适用党内法规的完善之策三方面。第一小部分对于司法审判工作法律责任与政治责任协同的基本原则做出阐述。具体包括三方面的内容：其一，坚持宪法至上与党章为本的有机统一；其二，坚持依法治国与依规治党的有机统一；其三，坚持党的领导与依法独立公正行使司法权的有机统一。第二小部分对于司法审判工作法律责任与政治责任协同的制度建构做出阐述。具体包括三方面的内容：其一，应强化司法审判工作法律责任与政治责任协同的国法路径。一方面，可考虑在现行宪法的基础上增加关于司法审判工作法律责任与政治责任协同的具体内容；另一方面，可考虑在《中华人民共和国人民法院组织法》《人民检察院组织法》等国家法律中通过修订的方式将"党的领导"予以补充完善。同时，可考虑在《中华人民共和国法官法》《中华人民共和国检察官法》中规定"党的领导原则"。其二,应强化司法审判工作法律责任与政治责任协同的党规路径。具体采用"1+3+X"模式予以体系化设计。其中"1""3"归属纯粹党规范畴,"1"是司法领域的基础性领导法规;"3"是党对司法实行"政治""组织""思想"领导的法规;"X"归属混合党规范畴,是针对党内法规的"溢出效应"采取的应对措施,其适用范围局限于司法主体、行为和防错纠错的制度领域。其三,应全面提升司法领域党规国法制度的供给水平。第三小部分对于司法裁判适用党内法规的完善之策做出阐述。具体包括三方面的内容:其一,正确解读党内法规的司法适用;其二,科学设计党内法规司法适用的选取准则;其三,着力构建党内法规司法适用案例类型图谱。

第一章

司法审判工作法律责任与政治责任协同的理论基础

司法审判工作的法律责任与政治责任协同这一问题,实际上所反映出的是司法中政治与法治或政治与法律之间的关系。马克思主义基本原理认为,思想是行为的先导。坚持走中国特色社会主义法治道路的核心要义则在于以党的领导为根本、以中国特色社会主义制度为依托、以中国法治理论为支撑,而法治理论在其中将起到先导性的重要作用。可以说,理论自信是道路自信和制度自信的前提要件和直接来源。在中央政法工作会议上,习近平总书记指出了"要正确处理坚持党的领导和确保司法机关依法独立公正行使职权的关系"① 这一要求,对此从理论上证明党领导司法工作是首要任务。

一、科学界定"党的领导"和"司法"

哲学家黑格尔(Hegel)曾言,对一个核心概念而言,让其在各个

---

① 鞠鹏. 坚持严格执法公正司法深化改革 促进社会公平正义保障人民安居乐业 [N]. 人民日报,2014-01-09(1).

向度上进行具有逻辑性的展开，就应当为理论的全部。倘若从认识论的角度出发，概念实际上是立足于实践经验的高度凝练和理性抽象；从学理性的角度出发，概念也并非是对某一个事物设定最合适的名称，而是要形成针对该事物所蕴含的内在属性与其他方面事物加以区分的特性。可以说，"概念这种东西已经不是事物的现象不是事物的各个片面，不是它们的外部联系，而是抓着了事物的本质、事物的全体、事物的内部联系了"①。在此意义上，我们对最基本的概念进行诠释应为理论研究的逻辑起点。不仅如此，概念还是进行深入理论分析的基础工具。英国政治学家海伍德（Andrew Heywood）认为，概念作为政治分析的工具，可以供我们进行思考、批评、论证、解释和分析。② 刘作翔教授亦指出："当人们对一个新的问题进行研究时，首先碰到的便是概念。概念是科学研究的起点，科学地认识和界定一事物的概念，是科学地认识该事物的前提。一个概念包含着一定的内涵和外延，一定的内涵和外延实际上是一个事物的质的规定性。这种质的规定性实际上指明了它所包含的特定范畴和研究对象。因此，对概念的研究与对新问题的研究同等重要，具有同等重要的理论价值。"③ 而针对如何理解概念，也存在着诸多方法，其中，从广义角度来说，一种是采用下定义的方法，即用相对简明扼要的语言表述出概念内涵的一般方法。但这种方式存在明显的局限性，正如张文显教授所认为的定义不过是用简明的语言揭示概念内涵的初级方法，对于科学研究和专业研究来说是远远不够的。在法学研究

---

① 毛泽东．毛泽东选集：第 1 卷［M］．北京：人民出版社，1991：285.
② 海伍德．政治学［M］．张立鹏，译．北京：中国人民大学出版社，2013：19.
③ 刘作翔．从文化的概念到法律文化的概念："法律文化"：一个新文化概念的取得及其"合法性"［J］．法律科学（西北政法学院学报），1998（2）：10.

中直接采用定义的方法或从定义出发的"定义偏好",导致法学思维的封闭性、武断性和保守性。① 这就说明,对于概念,我们"不能把它们限定在僵硬的定义中,而是要在它们的历史的或逻辑的形成过程中来加以阐明"②。也正因为如此,才使得语义分析方法因克服并超越定义的方法局限而越来越受到重视。哈特(Bret Harte)曾指出:"几乎每一个法律、法学的词语都没有确定的、一成不变的意义,而是依其被使用的语境(环境、条件和方式)有着多重意义,只有弄清这些语境,才能确定它们的意义。"③ 总而言之,如果说概念是真实性重构语境的话,那么语义分析方法则是通过分析语言的要素、结构,考察语词、概念的词源和语境,来确认、选择或者给定语义和意义的分析方法。④ 有鉴于此,"党的领导"和"司法"作为本书的核心概念,首先对其进行语义分析是探索司法审判工作的法律责任与政治责任协同这一论题的必然进路。

(一)"党的领导"的科学定义

"党的领导",即中国共产党的领导。应当说,无论是在理论研究中还是在现实实践的过程中,"党的领导"均是一个非常重要的政治概念。若要界定"党的领导",最为关键的是要明确"领导"的含义。"领导"一词在《中华人民共和国宪法》中较多使用,比如,"中国共产党领导中国各族人民""国务院统一领导各部和各委员会的工作,并

---

① 张文显. 二十世纪西方法哲学思潮研究 [M]. 北京:法律出版社,2006:87.
② 中共中央马克思恩格斯列宁斯大林著作编译局. 马克思恩格斯全集:第 25 卷 [M]. 北京:人民出版社,2001:17.
③ 张文显. 法哲学范畴研究 [M]. 北京:中国政法大学出版社,2001:17.
④ 张文显. 法学研究中的语义分析方法 [J]. 法学,1991(10):4-6.

且领导不属于各部和各委员会的全国性的行政工作"等。通过宪法对"领导"的相关表述可以看到,党的领导中的"领导"与国家有关部门的权力系统中的"领导"并非同一概念。后者具有特定的法律内涵,"与对被领导事务的决定权、管理权、支配权相联系,并且这种领导权一般都要通过法律、法规和规章等有法律效力的文件加以明晰"①。而前者则代表着一种政治思想权威,其特点是进行政治上、思想上的指导。②

由此,我们认为,所谓领导,可以被理解为组织或其成员运用权力引领其他成员实现组织目标的一种过程。③ 社会组织的核心层级,对于属于本组织的成员及其他组织的成员进行组织、动员、带领、推动,由此实现既定目标的行为过程。"领导"具有的功能主要在于:一是组织功能,该组织的核心成员通过一定的方式方法将组织成员凝聚起来;二是发展功能,要在明确该组织发展目标的基础上设计、规划并部署实现该目标的具体手段和措施;三是动员功能,对该组织的成员进行思想动员和力量配置;四是促进功能,对该组织的成员在日常发展过程中所起到的督促、沟通和协调作用;五是总结功能,对之前所做的决策部署安排和具体执行情况进行检查、总结和鉴定。以上是"领导"的主要功能,而"党的领导"不仅要具备"领导"的一般功能,同时还有一系列特殊的要求。中国共产党在历史进程中发挥着完成使命担当的、总的领导作用,并且伴随着发展环境的变化,党的领导方式也发生着相应的

---

① 李建明. 论党领导下的司法独立 [J]. 政治与法律, 2003 (2): 33-41.

② 郭道晖. 司法改革与改善党对司法的领导 [J]. 改革, 2002 (1): 108-115, 127.

③ 常健. 现代领导科学 [M]. 天津: 天津大学出版社, 2008: 1.

变化，即党的领导是历史逻辑与现实逻辑的有机统一。不仅如此，在新时代的大背景之下，党的领导与制度建设之间的关系更为紧密相连，国家法律和党内法规等制度规范在为党的领导保驾护航的过程中作用更加凸显。应当说，在包含着党的领导制度、人民当家作主制度、中国特色社会主义法治体系等在内的中国现代国家治理体系中，"具有统领地位的是党的领导制度。党的领导制度是我国的根本领导制度"①。中国共产党的领导制度体系可以回溯到建党之初，新中国成立之后，中国共产党作为执政党开始建构组织化、系统化、精细化的领导制度体系，迄今为止 70 多年的历史过程让党的领导制度体系在不同的时期有着不同的含义，具体表现为不同的组织体系和权力关系，但始终不变的是党的领导地位与领导核心作用。如今，党的领导制度体系包括健全党的全面领导制度、健全提高党的执政能力和领导水平制度、完善全面从严治党制度等子制度，这些子制度相互联系，共同体现出党的革命精神、领导水平和执政能力，在丰富党的领导制度体系的同时亦将党的领导予以具体化，贯穿于国家治理的各领域、各环节、各方面。

基于以上分析，我们可以将"党的领导"理解为中国共产党为实现其所预先设定的政治目标和其所代表的阶级利益，以组织和支持人民当家作主为本质内容，以权力、权威、制度等为中介手段，以管理党组织和党员、推荐重要干部、提出党的主张等为主要方式，对国家和社会各方面所产生的影响和作用。其一，就领导目标而言，党的领导主要在于为国家和社会生活设定前行方向、发展目标、政策导向、价值规范

---

① 习近平. 坚持和完善中国特色社会主义制度推进国家治理体系和治理能力现代化 [J]. 求是，2020 (1)：7.

等。其二，就党的领导实质而言，是带领、帮助人民群众正确认识到自身利益，并团结起来为实现自身利益而奋斗。其三，就党的领导主体而言，是中国共产党这一组织实体，其中包括党的各级组织和各级党组织设立的职能部门、派出机关、党组、特定领导成员等。其四，就党的领导客体而言，从对象层面上说，包括国家机关及其成员、社会组织及其成员、党的自身组织及其成员等；从活动内容上说，包括组织及其成员的思想动态和实践活动等。其五，就党的领导内容来看，不仅包括宏观层面的政治、思想和组织领导，还包括微观层面的党管军队、党管队伍、党管政法等。其六，就党的领导方式而言，在"党的领导和社会主义法治是一致的，社会主义法治必须坚持党的领导，党的领导必须依靠社会主义法治"①的法治背景下，党的领导主要为在遵循法治原则的基础上实行原则性、方向性和政策性的领导。

（二）"司法"的双重属性

若要辨析"党的领导"和"司法"之间的关系，另一理论原点则是明晰司法在本体论意义上所具有的性质。正如张文显教授所指出："任何研究的出发点都是研究对象的本体的性质。"②在哲学领域，"本体论"是研究"存在"或"是"的本质的问题。③有学者认为，"是"是本体论的核心范畴，"所谓以存在或是为研究对象的本体论，就其字面上确切的意思来说，是一门关于'是'和一切'是者'的学问，或者说，它其实应当称为'是论'，因为一切'所是'或'是者'都被认

① 中共中央关于全面推进依法治国若干重大问题的决定［N］．人民日报，2014-10-29（1）．
② 张文显．当代西方法哲学［M］．长春：吉林大学出版社，1987：44．
③ 舒也．本体论的价值之维［J］．浙江社会科学，2006（3）：125-132．

25

为是分有'是'才是其所是的"①。后来，随着诸如经济学本体论②、政治学本体论③、历史学本体论④等其他学科也开始对"本体论"展开广泛的应用，使得本体论本来所具有的"关于一切实在的、基本性质的理论或研究"的哲学观念得到超越，本体论在吸收并借鉴哲学内涵要义的基础上，又引申出了一系列暗含客观性的逻辑分析，具体体现在对研究对象的属性、种类、结构、过程等方面的基本认知。因此，所谓的"本体论"其实研究的是系词问题，即"X是什么"这一结构，只要符合该结构的问题都属于本体论问题。可以说，本书所提出的司法的本体论问题，就是要回答"司法是什么"的问题。实际上，今天人们所谈到的"司法"以及对它的理解和使用较多受到西方资产阶级革命以来的政治法律思想的影响，也就是大多数将司法放置于与"立法"和"行政"相对应的整体框架中加以理解，这就使得司法通常被认为是将法律适用于具体案件的裁判活动。如英国思想家培根（Francis Bacon）就明确指出："法官应当记住，他们的职责是 jus dicere，而不是 jus dare，即解释法律，而不是制定法律或颁布法律。"⑤ 但是，区分立法和司法是较为容易的，而司法如何与行政进行区分，则在很长一段时间呈混同状态。思想家洛克（John Locke）在其著名的分权理论中，把国家

---

① 俞宣孟. 本体论研究［M］. 上海：上海人民出版社，2012：12.

② MÄKI U. The Economic World View：Studies in the Ontology of Economics［M］. Cambridge：Cambridge University Press，2001.

③ STANLEY L. Rethinking the Definition and Role of Ontology in Political Science［J］. Politics，2012，32（2）：93-99；CHATTERJEE A. Ontology，Epistemology and Multimethod Research in Political Science［J］. Philosophy of the Social Sciences，2011，43（1）：73-99.

④ 庞卓恒. 历史学的本体论、认识论、方法论［J］. 历史研究，1988（1）：3.

⑤ 培根. 培根随笔集［M］. 蒲隆，译. 北京：中央编译出版社，2015：183.

权力划分为立法权、行政权和对外权，其中的行政权指执行法律的权力，也可以被称为"司法权"。凯尔森（Hans Kelsen）对此分析指出："实际上，通常的三分法的基础是二分法。立法职能是同行政和司法这两种职能对立的，显然后两种职能比第一种职能联系地更加密切。"① 英国法学家詹宁斯（W. Ivor Jennings）也认为："要准确地界定'司法权'是什么从来都不十分容易"，司法与行政的职能"在本质上是没有区别的"②。即便如此，司法与行政在实际上仍存在着诸多差异，如托克维尔（Alexis de Tocqueville）将司法权的特征概括为争讼裁判、个案审理和被动办案。"表现在所有国家都是对案件进行裁判。……审理私人案件，而不能对全国的一般原则进行宣判。……只有在请求它的时候，或者用法律的术语来说，只有在它审理案件的时候，它才采取行动。"③ 在中国的语境中，"司法"中的"司"为"管理"之意，"司法"的原始含义即为管理法律，延伸含义为管理法令、执掌审判活动的机构和官员。唐朝时期将"司法"一是运用于"司法参军"的官名之中，二是将其统称为主管律令、定罪等国家事务的机构和官员。到了宋朝时期，"司法"一词已经较为普遍地得到使用，既指各级司法机构，也指负责审判的专门司法官员。直到清末时期，大量西方著作开始涌入，才使"司法"这一词语具有同当今基本相当的内涵，其核心语境是将"司法"与"立法""行政"相对而言的"三权分立"理论。如

① 凯尔森. 法与国家的一般理论［M］. 沈宗灵，译. 北京：中国大百科全书出版社，1996：284.

② 詹宁斯. 法与宪法［M］. 龚祥瑞，侯健，译. 北京：生活·读书·新知三联书店，1997：165.

③ 托克维尔. 论美国的民主［M］. 董果良，译. 北京：商务印书馆，1988：110-111.

康有为曾言："近泰西政论，皆言三权，有议政之官，有行政之官，有司法之官。"①

　　究竟何为司法？《布莱克法律词典》做出机构、制度、人员的抽象界定。② 芦部信喜教授更为清晰地揭示出司法的核心内涵，即针对具体的争议和诉讼，由独立的审判机构根据其管辖权通过正确地适用法律规定作出相应的裁判。③ 实际上，"司法"作为一个在日常生活中使用频率非常高的用语，往往在不同的情境下会产生不同的理解。在我国，众多学者在其著作、论文中也较多涉及司法的概念、属性、本质等论述，基于不同的研究背景和司法实践经历，提出了自身的观点，笔者将其总结归纳，大致可作三个角度的阐释：一是从司法的原始功能与基本目标角度出发，认为司法是一种化解纠纷或解决争议的机制。其中，最宽泛的理解是只要具备化解矛盾纠纷功能的活动，无论行使权力的机构是不是国家司法机关，均属司法的范畴。④ 相对中性的理解是将司法界定为诉讼，其是一种解决纠纷和惩罚犯罪的活动。⑤ 最狭义的理解则是直接

---

① 转引自韩秀桃．司法独立与近代中国 [M]．北京：清华大学出版社，2003：96.

② 一是指负责解释法律和主持正义（administering justice）的一个政府部门；二是指法院制度；三是指一批法官。GARNER B A. Black's Law Dictionary [M]. Eagan：West Group，1999：852.

③ 芦部信喜．宪法 [M]．第三版．林来梵，凌维慈，龙绚丽，译．北京：北京大学出版社，2006：293-294.

④ 除法院的审判活动外，公安机关、检察机关的职权活动，以及行政裁决、仲裁、调解和公证等都属于司法的范围。范愉，黄娟，彭小龙．司法制度概论 [M]．北京：中国人民大学出版社，2013：2.

⑤ 在刑事诉讼中，司法权包括侦查、审查、起诉、审判及执行的一部分，其中以审判作为中心。在民事诉讼、行政诉讼中，司法就是审判，诉讼就是审判活动。陈光中，肖沛权．关于司法权威问题之探讨 [J]．政法论坛，2011，29（1）：3-16.

将司法等同于审判，司法权即审判权。① 二是从主体范围的角度出发，以具体实施主体界定司法。其中，最宽泛的理解是涵盖公检法司以及国安部门的活动。狭义的理解是与诉讼有关的检法部门活动。② 最狭义的理解是司法权属于判断权应由法院独享。③ 三是从司法的构成要素角度出发，认为古今中外的所有司法都离不开解决纠纷的目标任务、司法主体的中立地位和解纷依据的法律渊源这三个最基本要素。④ 在本书中，笔者将"司法"界定为法官运用法律处理案件的活动，这里主要是指审判活动。正如张文显教授所言："在司法权力当中具有决定意义的是审判权，审判权的核心是裁判权，无论是侦查，还是检察，说到底都服务于定罪量刑，都是裁判的前期准备工作，司法行政机关执行的是人民法院的裁判，只有裁判才是终局意义上的司法。"⑤

就本体论意义而言，司法不仅是审判权能的存在，而且还是一种特殊的权力载体。著名法学家耶林对于正义女神的象征意义曾有一段十分精辟的论述，"正义之神一手提着天平，用它衡量法；另一只手握着剑，用它维护法。剑如果不带着天平，就是赤裸裸的暴力；天平如果不带着剑，就意味着法软弱无力。两者是相辅相成的，只有在正义之神操剑的力量和掌平的技巧并驾齐驱的时候，一种完满的法治状态才能占统治地

---

① 陈瑞华. 司法权的性质：以刑事司法为范例的分析［J］. 法学研究，2000（5）：30-58.
② 司法包含法院的审判活动和检察院提起公诉、法律监督的活动。张文显. 法理学［M］. 北京：高等教育出版社，2011：212.
③ 孙笑侠. 司法权的本质是判断权：司法权与行政权的十大区别［J］. 法学，1998（8）：34-36.
④ 熊先觉. 司法学［M］. 北京：法律出版社，2008：9.
⑤ 张文显. 司法的实践理性［M］. 北京：法律出版社，2016：3.

位"①。其中的"剑与天平"可以被视为在现代国家中有关于政治与法律关系的一种隐喻,"当天平被认为是法律作为权力的象征时,剑提醒我们法律作为命令的重要意义"②。若把"剑与天平"融合到司法这一本体之中,那么就可以看到司法所具有的政治属性和法律属性的两副面孔。当司法对外展示其审判权能时,就要求司法人员按照法律规则和既定程序作出公正裁判,体现出其所具有的法律性、中立性、程序性、专业性以及说理性的法治属性,呈现出其所具有的技术性、自主性的裁判特征;而当司法作为权力的载体时,则成为国家政治权力的组成部分,不仅要符合国家政治体制的价值取向,还要依靠国家强制力保障实施,体现出其所具有的独判性、受动性、终局性、政策性和国家性的政治属性,彰显出司法之中所蕴含的价值权衡的、自由裁判的实践方式。可以说,司法的法治属性与政治属性作为司法的本质属性,二者共同形塑观照着司法的完整性,这也就意味着在司法裁判的具体实践中存在着法条主义与自由裁判的有机融合。马丁·夏皮罗(Martin Shapiro)曾指出:"作为为解决争议而存在的一个普遍的、社会设置的法院所具有的社会方面的合法性和作为一个具体政权的、具体部分的法院所具有的政治方面的合法性,这两者有时是相互补充和彼此支持的,而有时是相反的两方面。"③ 这也就是说,司法的政治属性与法治属性在具体实践过程中应当如何互动?抑或可以说,究竟应当是法治性占主导地位还是应当由

---

① 耶林,潘汉典. 权利斗争论 [J]. 法学译丛,1985(2):8.
② 洛克林. 剑与天平:法律与政治关系的省察 [M]. 高秦伟,译. 北京:北京大学出版社,2011:69.
③ 夏皮罗. 法院:比较法和政治学上的分析 [M]. 张生,李彤,译. 北京:中国政法大学出版社,2005:78.

政治性占主导地位？对此，存在着两种极端的错误倾向：一种是将司法作为纯粹法律性的事物，而忽略政治属性的存在；另一种则是单纯强调司法的政治属性，将法治属性作为政治属性的从属，为了达到某种政治目的而放弃法治的基本原则。以上两种方式，无论哪一种均是对司法性质的错误理解，均会导致司法在实际应用过程中发挥作用时面临重重阻碍。对于司法的政治属性和法治属性如何平衡这一问题，笔者认为司法的政治属性和法治属性是司法的一体两面。"法律适用的政治内涵是难以避免的，而法律适用有多少政治内涵，司法本身就在多大程度上构成一种政治权力。"① 司法作为国家政治权力的重要分支以及政治体制的重要组成，其必然具有政治属性，并通过司法的审判职能来定分止争，修复破损的社会关系，促成稳定的社会秩序和和谐的政治关系，进而为政权合法性提供资源。同时，司法所具有的、相对中立的运行模式决定了司法所具有的法治属性，依托法律方法、遵循法律规范、秉持法律逻辑、按照法律程序解决纠纷、化解矛盾、定罪量刑。故此，司法的政治属性可以代表司法运行的技艺理性，为司法的客观方面；司法的政治属性可以代表司法运行的意识形态，为司法的主观方面。

二、科学定位"党的领导"和"司法"的关系

张力，原本是一个物理学名词，指"物体受到拉力作用时，存在于其内部而垂直于两相邻部分接触面上的相互牵引力"②。将这一概念引

---

① 郑永流. 法哲学与法社会学论丛：六 [M]. 北京：中国政法大学出版社，2003：131.

② 辞海：中 [M]. 上海：上海辞书出版社，1979：2408.

申到社科哲学领域，则蕴含着饱满的辩证法思想，即"凡是存在着对立而又相互联系的力量、冲动和意义的地方，都存在着张力"①。笔者认为，政治与司法之间存在着既相互依存又相互区别的张力关系。相互依存是因为"法律和政治二者之间存在着密切的关系，而且每一系统在各自系统的变化中，都依赖于另一个系统"②，"改革司法体制、实行司法独立，都必须在服从党的领导这个前提下进行。否则，就偏离了改革的政治方向，违背了宪法原则"③。而相互区别则是由于司法的主要任务是通过依法裁判确定案件事实真相并明晰是非曲直，这种裁判的过程是一种认识的过程，在这个过程中不能允许命令左右真假是非。即"司法机关在办理具体案件中，在认定事实、发现和适用法律以及作出司法裁断的时候，享有独立推理和不受非法干扰而独立做出裁断的权力，任何权威不能凌驾于司法之上，司法只能依据法律作出决定"④。然而，这种"依存"和"区别"都是绝对化的吗？即强调"依存关系"就是将党的领导覆盖于司法的各个方面的"泛政治化"工具主义，主张"区别关系"就是将"司法独立"与"不要党的领导"画等号⑤的"去政治化"形式主义。这两种极端认识是导致党的领导与独立行使审判权之间存在紧张关系的根本原因。

---

① 王先霈，王又平．文学理论批评术语汇释［M］．北京：高等教育出版社，2006：336-337.
② 卢曼．社会的法律［M］．郑伊倩，译．北京：人民出版社，2009：221.
③ 万春．论构建有中国特色的司法独立制度［J］．法学家，2002（3）：77.
④ 芮恩施．平民政治的基本原理［M］．罗家伦，译．北京：中国政法大学出版社，2003：163-164.
⑤ 李雅云．对中国司法独立问题的思考［J］．北京行政学院学报，2008（2）：71.

（一）"党的领导"和"司法"的内在张力

笔者主张党的领导与独立审判之间应属内在张力关系，一方面，完全脱离于政党政治而生存于真空世界中的司法独立在现实社会中是不可能存在的。美国向来被认可为司法独立程度较高的国家，但这样一个高度崇尚自由独立的国家也无法避免司法不受到政治的影响。① 这是因为这种现象作为一种客观存在的事物无法通过人的意志所扭转，司法权的背后始终存在着政治逻辑，亦可言司法自身即为政治所创造，那么司法内在结构及其运行机制自然而然应当符合政治的要求，主流意识形态也将影响司法的实际操作过程。由此可见，独立行使司法权等于尽量避免政治影响的有效范围②，亦可言之为案件裁判过程相对独立于来自公权力的干预程度。③ 这里可得出一个结论，那就是独立行使司法权在指代法官审理案件的过程免受外在干预的同时，这种独立"只是一种'结果'，只有'程度''范围'的不同"④。另一方面，如果政党操控司

---

① 比如，美国历届总统在任命法官（尤其是最高法院法官）时，几乎无一例外地偏向本党人员或至少在意识形态上接近的人。例如，现任最高法院中的共和党人都是共和党总统任命的，而民主党人则都是民主党总统任命的。这一做法已经被美国各方所接受，而国会也极少反对总统对法官的提名与任命。参见许传玺．美国的司法独立及其给我们提供的借鉴［J］．二十一世纪，1998（6）．另有研究表明，在美国所有联邦法官的任命中，"与总统同一政党的任命的百分比从最低的88.2%（塔夫特总统）到98.6%（威尔逊总统）不等"。参见宋冰．读本：美国与德国的司法制度及司法程序［M］．北京：中国政法大学出版社，1998：148-149. 以上转引自章武生，吴泽勇．司法独立与法院组织机构的调整：上［J］．中国法学，2002（2）：59.

② 伦斯特洛姆．美国法律辞典［M］．贺卫方，樊翠华，刘茂林，等，译．北京：中国政法大学出版社，1998：103.

③ 张慜，蒋惠岭．法院独立审判问题研究［M］．北京：人民法院出版社，1998：387.

④ 董超．司法独立在中国［J］．政法论丛，2005（1）：9.

法，那么独立行使司法权也将随之消失殆尽。比如，新中国成立初期，我国司法机关作为政府部门的一个从属单位①，作为无产阶级专政工具，必须成为党的驯服工具，什么时候离开了党的领导，忽视了党的领导，问题就发生得多。也就是说，在法治观念尚未真正确立的年代，审理案件"只要站稳阶级立场，根据政策，按照阶级利益来办事就可以了"②。1975年宪法更是直接取消法院独立审判的规定，从立法层面将其彻底否定。不可否认的是，久经战乱之苦而建立起来的新中国初期，在短时间内无法制定出较为完备的具有稳定性、根本性、系统性的法律规范，完全依靠法律治理国家并不现实，且这一时期国家的核心任务是将人民解救于反动统治之下，让人民彻底摆脱旧有生产关系的束缚而解放发展生产力③，这使国家政策代替法律具有现实必要性。但是，在党对司法的领导是具体化领导的思维模式作用下，也会出现一定的负面效应。

（二）"党的领导"和"司法"内在张力关系的理性认知

笔者认为，绝对的审判独立与政党完全控制下的司法都会将党的领导与审判独立之间这根有张力的"橡皮筋"扯断。我们需要对党的领导与独立行使司法权之间充斥着辩证统一的张力关系有一个科学理性的认知，并从如何切实保障独立行使司法权以实现司法公正的高度研究司法审判工作法律责任与政治责任协同推进的限度、范围问题，以期实现

---

① 1951年《中华人民共和国人民法院暂行组织条例》第十条规定："各级人民法院（包括最高人民法院分院、分庭）为同级人民政府的组成部分，受同级人民政府委员会的领导和监督。"

② 1956年3月31日，彭真在第三次全国检察工作会议上的报告。

③ 刘少奇选集：下卷［M］．北京：人民出版社，1985：253.

既能符合我国国情又能确保司法权威的司法审判工作法律责任与政治责任协同推进方案。一方面，应明确党的领导是指政治上、组织上的领导以及方针、路线的领导。司法审判工作法律责任与政治责任协同推进具体表现为党对司法的支持，这种"支持"实际上从党的十一届三中全会开始即在中央顶层文件①得以明确为宏观层面的领导。这是因为党作为国家的领导核心，已将自己的领导方针、思想政策等通过立法渠道上升为国家意志，无论任何人还是任何机构均需严格按照法律规范行事，若有所违反则将背离党的根本意志，即破坏了党的领导。既然宪法已将依法独立公正行使司法权设置为基本原则，那么党的组织就应施以方案确保宪法要求能够落地生根。另一方面，应加强并不断完善党对司法工作的领导。实际上，"加强"与"完善"是两层不同的含义，完善是为了深入加强，加强的前提是进一步完善，通过在加强中完善，在完善中加强，以更好地支持司法。由此，必须树立的理念是加强党的领导，是总揽全局、协调各方，确保党的主张贯彻到司法工作的各个方面，加强对司法机关进行方针政策层面的宏观领导，有力监督其严格依法行使职权。而强调加强党的领导，其中必然有完善党的领导之义。对此，可以要求将司法审判工作中法律责任与政治责任协同推进的注意集中点集中到宏观性的统帅领导之上，并且通过设计一系列制度性举措，如"推动省级以下地方法院、地方检察院人财物统一管理""探索司法辖区与行政辖区的适当分离""设立跨行政区划的人民法院""建立健全干预司

---

① 如《中国共产党第十一届中央委员会第三次全体会议公报》《关于坚决保证刑法、刑事诉讼法切实实施的指示》《中共中央关于全党必须坚决维护社会主义法制的通知》等。

法登记备案制度""建立新型司法监督管理机制"等保障、完善党对司法工作的领导。

三、科学分析坚持中国共产党领导司法的理论指南

中国共产党作为中国特色社会主义事业的坚强领导核心，始终坚持党的领导，是党和人民事业成功的根本保证。党的十九大将"坚持党对一切工作的领导"确立为"习近平新时代中国特色社会主义思想和基本方略"的第一条，彰显其最高政治原则的崇高地位。十三届全国人大一次会议通过的《中华人民共和国宪法修正案》将"中国共产党领导是中国特色社会主义最本质的特征"列为宪法总纲第一条第二款，使全方位坚持党的领导成为不可撼动的宪法原则。党的十九届四中全会通过的《中共中央关于坚持和完善中国特色社会主义制度、推进国家治理体系和治理能力现代化若干重大问题的决定》（以下简称《决定》）从13 个大的方面统筹部署"坚持和完善中国特色社会主义制度、推进国家治理体系和治理能力现代化"的重要任务，其中"坚持和完善党的领导制度"居于统领地位，可谓"抓住了国家治理的关键和根本"[1]。在我国，司法权作为国家权力的重要组成部分，司法作为全面推进依法治国伟大征程的关键环节，不同于西方主流国家标榜的、将司法独立于政治的法治文化，司法以其人民性、政治性、法律性的鲜明特征[2]昭示其始终以政治逻辑主线为生存基础、发展背景、价值追求和动力源泉，

---

[1] 本书编写组.《中共中央关于坚持和完善中国特色社会主义制度、推进国家治理体系和治理能力现代化若干重大问题的决定》辅导读本［M］.北京：人民出版社，2019：56.

[2] 张文显：司法的实践理性［M］.法律出版社，2016：39-40.

任何超越政治的司法论断只不过是不切实际的幻想。司法的政治属性，归根结底在于必须旗帜鲜明地坚持党对司法的全面领导，这不仅是一个政治判断问题，其中更蕴含着深刻的法理命题。

（一）坚持和加强党的领导制度是党领导司法的根本保证

习近平总书记言道："坚持中国特色社会主义法治道路，最根本的是坚持中国共产党的领导。依法治国是我们党提出来的，把依法治国上升为党领导人民治理国家的基本方略也是我们党提出来的，而且党一直带领人民在实践中推进依法治国。"① "保证公正司法，提高司法公信力"作为全面推进依法治国的核心目标和重要任务，坚持党对司法工作的绝对领导是确保司法工作不断取得新成就、获得新成长的首要条件和根本保证。

1978 年，邓小平同志清醒地认识到国家进行制度改革的必要性、迫切性与重要性，将加强社会主义法治的历史性任务摆在重中之重的位置，提出："为了保障人民民主，必须加强社会主义法治，使民主制度化、法律化，使这种制度和法律具有稳定性、连续性和极大的权威，做到有法可依，有法必依，执法必严，违法必究。"② 为精准阐述改革党和国家领导制度的目的意义、基本原则与主要内容，邓小平在 1980 年 8 月召开的中共中央政治局扩大会议中作题为《党和国家领导制度的改革》的重要讲话，其中关于"党要善于领导""改善党的领导""改善党的领导制度"等论断频频出现，并认为"制度问题带有根本性、全

---

① 中共中央文献研究室. 习近平关于全面依法治国论述摘编［M］. 北京：中央文献出版社，2015：27.

② 中国共产党第十一届中央委员会第三次全体会议公报［N］. 人民日报，1978-12-24（2）.

局性、稳定性和长期性。这种制度问题，关系到党和国家是否改变颜色，必须引起全党的高度重视"①，其可称为当下推进国家制度体系建设的历史溯源。为全面开创社会主义现代化建设的新局面，党的十二大不仅提出"党要领导人民继续制定和完备各种法律"，同时强调"加强党对政法工作的领导，从各方面保证政法部门严格执行法律"②，使坚持党的领导成为做好政法工作的"定海神针"。党的十三大是我国政治体制改革的标志，报告三次提到的"党的领导制度"不仅使其成为政治体制改革的重中之重，而且作为贯穿政治体制改革的主线将带动其他制度建设。党的十五大根据百年历史巨变得出一个重要结论，即"只有中国共产党才能领导中国人民取得民族独立、人民解放和社会主义的胜利，才能开创建设有中国特色社会主义道路，实现民族振兴、国家富强和人民幸福"③，并通过制度建设"保证党始终发挥总揽全局、协调各方的领导核心作用"④。党的十七届四中全会是在中国共产党成立 88 周年、新中国成立 60 周年背景下召开的会议，也是中央委员会自 1994 年党的十四届四中全会后时隔 15 年再次全面部署党的自身建设的会议，全会深入分析新时期党的建设面临的新任务、新挑战，着重强调"坚持和完善党的领导制度"，并认为"科学的领导制度是党有效治国理政的

---

① 邓小平. 邓小平文选：第二卷 [M]. 北京：人民出版社，1993：293.
② 全面开创社会主义现代化建设的新局面：在中国共产党第十二次全国代表大会上的报告 [N]. 人民日报，1982-09-08 (1).
③ 高举邓小平理论伟大旗帜，把建设有中国特色社会主义事业全面推向二十一世纪：在中国共产党第十五次全国代表大会上的报告 [N]. 人民日报，1997-09-22 (1).
④ 高举邓小平理论伟大旗帜，把建设有中国特色社会主义事业全面推向二十一世纪：在中国共产党第十五次全国代表大会上的报告 [N]. 人民日报，1997-09-22 (1).

根本保证"①，对于加强党的领导制度建设具有重大而深远的影响。

　　党的十八大报告关于"加强和改进党对政法工作的领导"的论断，是继1982年党的十二大报告提出"加强党对政法工作的领导"后历经26年对这一命题的重述与完善，体现以政治为导向开展政法事业的重大战略意义。党的十八届三中全会强调"加强和改善党对全面深化改革的领导"，而司法体制改革作为全面深化改革的重要方面，加强和改善党对司法事业的领导乃是完善和发展中国特色社会主义司法制度的题中应有之义。党的十八届四中全会高屋建瓴地指出："党的领导是中国特色社会主义最本质的特征，是社会主义法治最根本的保证。把党的领导贯彻到依法治国全过程和各方面，是我国社会主义法治建设的一条基本经验。"② 在这一总原则的统领下，具体指出"健全党领导依法治国的制度和工作机制""党委要定期听取政法机关工作汇报""政法委员会是党委领导政法工作的组织形式，必须长期坚持"③ 等，从而形成了党对政法工作进行全方位领导的良好格局。党的十九大把"坚持党对一切工作的领导"作为新时代坚持和发展中国特色社会主义基本方略的第一条并将其写入党章，足见其最高政治原则的核心地位。通过提出"中国特色社会主义最本质的特征是中国共产党领导，中国特色社会主义制度的最大优势是中国共产党领导""党的领导是人民当家作主和依法治国

---

① 中共中央关于加强和改进新形势下党的建设若干重大问题的决定［N］. 人民日报，2009-09-28（1）.
② 中共十八届四中全会在京举行［N］. 人民日报，2014-10-24（1）.
③ 中共中央关于全面推进依法治国若干重大问题的决定［N］. 人民日报，2014-10-29（1）.

的根本保证"① 等论断，为党领导依法治国提供强大的理论支撑。通过成立"中央全面依法治国领导小组"，从而给党领导依法治国提供权威的组织保障。党的十九届四中全会是中国共产党在新中国成立70周年之际，站在"两个一百年"奋斗目标历史交汇点上召开的一次集中体现为五个"第一次"② 的富有里程碑意义的会议。贯通于全会的主题是"坚持和完善中国特色社会主义制度、推进国家治理体系和治理能力现代化"，其中，党的领导制度作为根本领导制度位居国家制度和国家治理体系之首，这是自1987年党的十三大报告三次提及"党的领导制度"之后时隔32年对这一概念的重提，可见分量之重。《决定》重申"党是最高政治领导力量"的命题与"中国共产党领导是中国特色社会主义最本质的特征""中国共产党领导是中国特色社会主义制度的最大优势"两个命题融为一体，成为"健全总揽全局、协调各方的党的领导制度体系，把党的领导落实到国家治理各领域、各方面、各环节"的根本法理依据。③ 其中，通过完善党领导审判机关、检察机关制度，确保党在司法事业中充分发挥领导作用。党的二十大是在我国迈上全面建设

---

① 决胜全面建成小康社会　夺取新时代中国特色社会主义伟大胜利：在中国共产党第十九次全国代表大会上的报告［N］. 人民日报，2017-10-28（1）.

② 五个"第一次"是指：第一次将坚持和完善中国特色社会主义制度、推进国家治理体系和治理能力现代化作为主题进行研究；第一次对中国特色社会主义制度和国家治理体系作出重要判断和明确定位；第一次系统总结我国国家制度和国家治理体系的显著优势；第一次提出坚持和完善中国特色社会主义制度、推进国家治理体系和治理能力现代化的总体目标；第一次提出坚持和完善中国特色社会主义制度、推进国家治理体系和治理能力现代化的工作要求。参见洪向华. 党的十九届四中全会具有里程碑意义［N］. 辽宁日报，2019-11-05（5）.

③ 张文显. 国家制度建设和国家治理现代化的五个核心命题［J］. 法制与社会发展，2020，26（1）：22.

社会主义现代化国家新征程、向第二个百年奋斗目标进军的关键时刻召开的一次十分重要的大会，会议明确了中国共产党的中心任务是要以中国式现代化全面推进中华民族伟大复兴，而为了实现这一中心任务的首要原则即是坚持和加强党的全面领导，要将党的领导全面、系统、整体地加以贯彻落实。

（二）改革和完善党的领导方式和执政方式是党领导司法的关键所在

习近平总书记早前在浙江任职时曾指出："作为党委书记，要总揽而不包揽，学会'弹钢琴'，善于抓重点，充分发挥党委的领导核心作用，发挥各个班子的职能作用，而不能事必躬亲，专权武断，干预具体政务。"① 可见，中国共产党作为国家和人民的领导党与执掌国家政权的执政党，党的领导是政治上、思想上、组织上的宏观领导，而非事无巨细的微观领导；是通过法定方式、正当程序而对国家政权组织实施的间接领导，而非毫无界限的直接领导。不断改进党的领导方式，充分尊重和支持司法机关依法行使国家权力，是中国共产党兼具领导党和执政党双重属性的实践映照。

1979 年 9 月 9 日，中共中央发布的《关于坚决保证刑法、刑事诉讼法切实实施的指示》（以下简称《指示》）的意义堪称是我国政法工作领域的"十一届三中全会公报"，特别是对司法机关起到了拨乱反正、指明路线的作用。② 其中明确"党对司法工作的领导，主要是方

---

① 习近平. 之江新语［M］. 杭州：浙江人民出版社，2007：23.
② 李雅云. 中国法治建设里程碑式的党的文件：纪念中共中央发布《关于坚决保证刑法、刑事诉讼法切实实施的指示》25 周年［J］. 法学，2004（9）：7-11.

针、政策的领导。各级党委要坚决改变过去那种以党代政、以言代法，不按法律规定办事，包揽司法行政事务的习惯和做法"①。党的十二大着力解决党的建设薄弱问题，力争消除"权力过分集中""党政不分"等弊端，强调"党的领导主要是思想政治和方针政策的领导，是对于干部的选拔、分配、考核和监督，不应当等同于政府和企业的行政工作和生产指挥。党不应当包办代替它们的工作"②。这里虽未直接明确党对司法的领导方式，但从其关于党政关系的论述中已初现党领导司法方式的雏形。随后，将"党的领导主要是政治、思想和组织的领导""党必须保证国家的立法、司法、行政机关，经济、文化组织和人民团体积极主动地、独立负责地、协调一致地工作"③ 作为历史经验总结特别是长期执政实践得出的基本结论载入党章而为全党一体遵行。但这一阶段解决"党政不分"的主要方法是"党政分工"，即党组织不要包揽那么多权力，而应在掌握主要权力的前提下，把一部分相对次要的、执行性的权力交给政府。它所涉及的内容，更多是在权力的操作层面，不会引起政治问题，但也意味着，党组织仍然保留了大量原本属于政府的权力。这对正在开始摆脱计划经济模式的改革而言，显然是不够的。④ 对此，党的十三大明确提出"党政分开"，并进一步指出"党政分开即党政职能分开"，通过"改革党的领导制度，划清党组织和国家政权的职能，

① 中共中央关于坚决保证刑法、刑事诉讼法切实实施的指示 [R]. 1979-09-09.
② 全面开创社会主义现代化建设的新局面：在中国共产党第十二次全国代表大会上的报告 [N]. 人民日报，1982-09-08 (1).
③ 中国共产党章程 [N]. 人民日报，1982-09-09 (1).
④ 王长江. 中国共产党执政七十年党建经验再思考 [J]. 党政研究，2019 (4): 5-16.

理顺党组织与司法机关之间的关系，做到各司其职，并且逐步走向制度化"①。从功能角度划分党组织与司法机关的区别可称之为平衡党的领导与依法独立公正行使司法权关系的重要依据，促使中国司法建设迈出关键一步。党的十六大在十五大把依法治国作为党领导人民治理国家的基本方略的基础上，提出依法执政，使依法治国、依法执政成为改革和完善党的领导方式和执政方式的核心内容。其中，首要明确"党的领导主要是政治、思想和组织领导"，主要通过"制定大政方针，提出立法建议，推荐重要干部，进行思想宣传，发挥党组织和党员的作用"② 来实现。随后修改完善的《中国共产党章程》作出的"党组的任务，主要是负责贯彻执行党的路线、方针、政策；讨论和决定本单位的重大问题；做好干部管理工作；团结非党干部和群众，完成党和国家交给的任务；指导机关和直属单位党组织的工作"③ 的规定，既是对党中央报告精神的具体落实，亦是对党的领导方式和执政方式的细化明确。党的十八届四中全会《中共中央关于全面推进依法治国若干重大问题的决定》在明确"把党总揽全局、协调各方同审判机关、检察机关依法依章程履行职能、开展工作统一起来"④ 的同时，着重强调政法委员会作为党领导政法工作的组织形式，"要把工作着力点放在把握政治方向、协调各方职能、统筹政法工作、建设政法队伍、督促依法履职、创造公正司法

---

① 沿着有中国特色的社会主义道路前进：在中国共产党第十三次全国代表大会上的报告 ［N］. 人民日报，1987-11-04（1）.
② 全面建设小康社会，开创中国特色社会主义事业新局面：在中国共产党第十六次全国代表大会上的报告 ［N］. 人民日报，2002-11-18（1）.
③ 中国共产党章程 ［N］. 人民日报，2022-11-19（1）.
④ 中共中央关于全面推进依法治国若干重大问题的决定 ［N］. 人民日报，2014-10-29（1）.

环境上，带头依法办事，保障宪法法律正确统一实施"①。党的十九大报告再次重申"加强党的集中统一领导"与"支持法院、检察院依法依章程履行职能、开展工作、发挥作用"② 是有机统一的整体。

（三）充分保障依法独立公正行使司法权是党领导司法的核心方略

坚持党对司法工作的全面领导不只是政治纲领和战略部署，还要有实实在在的抓手，即必须具体体现在党支持司法和党对公正司法的集中统一领导上，尤为关键的是科学构建党的领导与依法独立公正行使司法权的关系。两者关系的实质是执政党在中国社会不容置疑、不容更易的领导核心地位与理想化的法治国家中法律至上地位的相容性、协调性问题。③

党的十一届三中全会意味着中国即将进入全新的改革时代。随着国家基本经济体制由计划经济转型为市场经济，在提出"加强社会主义法治"重大战略的同时，司法领域的改革迎面而来，要求"检察机关和司法机关要保持应有的独立性，不允许任何人有超于法律之上的特权"④，这是对党领导司法工作基本原则和司法权运行规律的明确指向，为我国司法事业发展指引前行的方向。1979 年 9 月《指示》中提出的"刑法、刑事诉讼法，同全国人民每天的切身利益有密切关系，它们能

---

① 中共中央关于全面推进依法治国若干重大问题的决定［N］. 人民日报，2014-10-29（1）.
② 决胜全面建成小康社会　夺取新时代中国特色社会主义伟大胜利：在中国共产党第十九次全国代表大会上的报告［N］. 人民日报，2017-10-28（1）.
③ 顾培东. 中国司法改革的宏观思考［J］. 法学研究，2000（3）：7.
④ 中国共产党第十一届中央委员会第三次全体会议公报［N］. 人民日报，1978-12-24（1）.

否严格执行，是衡量我国是否实行社会主义法治的重要标志"①，乃
"社会主义法治"② 概念在我国的首秀。文件的核心内容从根本上理顺
了党的领导与法治建设关系和党的领导与依法独立公正行使司法权的关
系，即"国家法律是党领导制定的，司法机关是党领导建立的，任何人
不尊重法律和司法机关的职权，这首先就是损害党的领导和党的威信。
党委与司法机关各有专责，不能互相代替，不应互相混淆"③。提出
"取消各级党委审批案件的制度""加强党对司法工作的领导，就是切
实保证法律的实施，充分发挥司法机关的作用，切实保证人民检察院独
立行使检察权，人民法院独立行使审判权，使之不受其他行政机关、团
体和个人的干涉"④ 等充盈着时至今日仍具有科学性、前瞻性、先进性
的改革观念。《指示》不仅第一次全面科学地确立了党领导司法的基本
原则，而且通过扭转长期以来以党代法、以党代司的惯常做法，使我国
逐步迈向法制健全、依法治国的康庄大道。时任最高人民法院院长的江
华同志在一次讲话中曾说：我入党 50 年，这是我看到过的、有关民主
与法制的、最好的党内文件。⑤ 从 20 世纪 80 年代末到 20 世纪 90 年代
中期，司法改革旨在逐步改变大陆法系职权主义审判方式，吸收英美当
事人主义的一些因素，通过审判方式改革的全面推进，有力推动庭审模

---

① 余敏声. 中国法制化的历史进程 [M]. 合肥：安徽人民出版社，1997：272.

② 据此，有学者认为"依法治国"方略的起点应当是十一届三中全会。王家福.
"依法治国"的起点应当是 1978 年党的十一届三中全会 [EB/OL]. 光明网，
2008-04-24.

③ 中共中央关于坚决保证刑法、刑事诉讼法切实实施的指示 [R]. 1979-09-09.

④ 中共中央关于坚决保证刑法、刑事诉讼法切实实施的指示 [R]. 1979-09-09.

⑤ 李步云，黎青. 从"法制"到"法治"二十年改一字：建国以来法学界重大事
件研究 [J]. 法学，1999 (7)：2-5.

式的深刻转变，促进审判质量的提高。与此同时，国家启动法院、检察院人事制度改革，拉开司法人员职业化建设的序幕。①

党的十五大首次提出"建设社会主义法治国家"的宏伟政治蓝图，首次提出"推进司法改革，从制度上保证司法机关依法独立公正行使审判权和检察权"②，促使中国司法事业实现由"法制"到"法治"的现代化转变，意味着我国司法改革进入制度创新和机制创新的全面发展阶段。③ 党的十六大将"全面建设小康社会"作为国家奋斗方向，而小康社会必定是一个崇尚法治的社会，进而站在依法执政的视野第一次提出"社会主义司法制度必须保障在全社会实现公平和正义"④ 的司法体制改革的历史性任务。不仅如此，为全面系统部署司法体制改革推进任务，首次在党的文件中将"推进司法体制改革"单成一段列入"政治建设和政治体制改革"一节，提出"完善司法机关的机构设置、职权划分和管理制度，进一步健全权责明确、相互配合、相互制约、高效运行的司法体制。从制度上保证审判机关和检察机关依法独立公正行使审判权和检察权"⑤，首次提出"改革司法机关的工作机制和人财物管理体制"，从而使司法体制改革在党的领导下更加细致与扎实。党的十六

---

① 熊秋红. 中国司法建设：回顾与反思 [J]. 理论月刊，2010 (4)：6.
② 高举邓小平理论伟大旗帜，把建设有中国特色社会主义事业全面推向二十一世纪：在中国共产党第十五次全国代表大会上的报告 [N]. 人民日报，1997-09-22 (1).
③ 陈卫东. 改革开放四十年中国司法改革的回顾与展望 [J]. 中外法学，2018 (6)：1406.
④ 全面建设小康社会，开创中国特色社会主义事业新局面：在中国共产党第十六次全国代表大会上的报告 [N]. 人民日报，2002-11-18 (1).
⑤ 全面建设小康社会，开创中国特色社会主义事业新局面：在中国共产党第十六次全国代表大会上的报告 [N]. 人民日报，2002-11-18 (1).

届四中全会在强调"支持审判机关和检察机关依法独立公正行使审判权和检察权"的同时，具体指出"党委既要支持人大、政府、政协和审判机关、检察机关依照法律和章程独立负责、协调一致地开展工作，及时研究并统筹解决他们工作中的重大问题，又要通过这些组织中的党组织和党员干部贯彻党的路线方针政策，贯彻党委的重大决策和工作部署"①，更好地将党的领导与依法独立公正行使司法权有机统一起来。党的十七大基于"全面落实依法治国基本方略"的考虑，提出"深化司法体制改革"的关键与核心在于"优化司法职权配置，规范司法行为，建设公正高效权威的社会主义司法制度，保证审判机关、检察机关依法独立公正行使审判权、检察权"②，有力凸显社会主义司法制度公正高效权威的鲜明特征。

党的十八大是我国进入全面建成小康社会决定性阶段召开的一次承前启后、继往开来的重大盛会，其标志着中国特色社会主义由此进入全新时代，与之相随的我国法治亦迈入新时代。继本次大会提出"全面推进依法治国""进一步深化司法体制改革，坚持和完善中国特色社会主义司法制度，确保审判机关、检察机关依法独立公正行使审判权、检察权"③ 后，以习近平同志为核心的新一届党中央在全面推进依法治国的伟大实践中全方位地加强和完善党对司法工作的领导。党的十八届三中全会通过的《中共中央关于全面深化改革若干重大问题的决定》在对

① 中共中央关于加强党的执政能力建设的决定［N］. 人民日报，2004 - 09 - 27（1）.
② 高举中国特色社会主义伟大旗帜为夺取全面建设小康社会新胜利而奋斗：在中国共产党第十七次全国代表大会上的报告［N］. 人民日报，2007 - 10 - 25（1）.
③ 坚定不移沿着中国特色社会主义道路前进为全面建成小康社会而奋斗：在中国共产党第十八次全国代表大会上的报告［N］. 人民日报，2012 - 11 - 18（1）.

"法治中国"概念进行确认的同时，将"推进法治中国建设"确立为法治建设的重大纲领。为了"让人民群众在每一个司法案件中都感受到公平正义"，细举"确保依法独立公正行使审判权检察权""健全司法权力运行机制""完善人权司法保障制度"① 等司法体制改革系列措施，将党领导司法工作的科学性展现得淋漓尽致。党的十八届四中全会是中国共产党执政以来第一次以法治为主题召开的会议，全会审议通过的《关于全面推进依法治国若干重大问题的决定》是中国社会主义建设史上、世界社会主义发展史上第一部就社会主义法治建设的根本性、全局性、长远性问题做出深入阐述和顶层设计的纲领性文献②，其中对党的领导与法治建设的关系作出精准概括，即"党的领导和社会主义法治是一致的，社会主义法治必须坚持党的领导，党的领导必须依靠社会主义法治。必须坚持党领导立法、保证执法、支持司法、带头守法，把党总揽全局、协调各方同人大、政府、政协、审判机关、检察机关依法、依章程履行职能、开展工作统一起来"③。全会明确全面推进依法治国的总目标是"建设中国特色社会主义法治体系，建设社会主义法治国家"，而法治体系所要促成的"五种局面"之一即是公正司法，对此，"必须完善司法管理体制和司法权力运行机制，规范司法行为，加强对司法活动的监督"④。党的十九大对新时代坚持和发展中国特色社会主

---

① 中共中央关于全面深化改革若干重大问题的决定 [N]. 人民日报，2013-11-16 (1).

② 张文显. 全面推进依法治国的伟大纲领：对十八届四中全会精神的认知与解读 [J]. 法制与社会发展，2015，21 (1)：8.

③ 中共中央关于全面推进依法治国若干重大问题的决定 [N]. 人民日报，2004-10-29 (1).

④ 中共中央关于全面推进依法治国若干重大问题的决定 [N]. 人民日报，2004-10-29 (1).

义基本方略之一的"坚持全面依法治国"作出深刻阐述，其中强调"深化司法体制综合配套改革，全面落实司法责任制"①，并由此勾勒出新时代中国司法发展的宏图远景。② 党的十九届四中全会通过的《决定》为坚持和完善中国特色社会主义司法制度指明前进道路，通过"深化司法体制综合配套改革，完善审判制度、检察制度"确保司法公正高效权威，通过"加强对法律实施的监督，坚决排除对执法司法活动的干预，保证审判权、检察权得到依法正确行使"③。

由上可知，新中国成立的 70 年间，特别是改革开放以来，我国司法事业在不平凡的历史进程中取得了备受瞩目的重大进展，其中的每一个闪光点都凝聚着司法发展的中国经验。在中国政治结构这个由不同层级的同心圆组成的金字塔中，中国共产党居于这个同心圆的中央。在纵向维度上，自上而下一以贯之；在横向维度上，具有强大的向心控制力。④ 党对司法坚强有力的领导无疑是完善和发展中国特色社会主义司法制度体系的轴心，是确保社会主义司法基本价值得到有效发挥的政治保障。中国共产党总揽司法工作全局并统领司法发展方向，不仅是我国国情的必然要求和改革开放 40 年来的经验总结，亦是党的宪法地位的具体表征和我国司法事业阔步前行的根本助力。

---

① 中国共产党第十九次全国代表大会文件汇编［M］. 北京：人民出版社，2017：31.
② 中共中央文献研究室. 习近平关于全面依法治国论述摘编［M］. 北京：中央文献出版社，2015：27.
③ 中共中央关于坚持和完善中国特色社会主义制度、推进国家治理体系和治理能力现代化若干重大问题的决定［N］. 人民日报，2019-11-06（1）.
④ 邹谠. 中国革命在阐释［M］. 香港：牛津大学出版社，2002：10-11. 实际上，邹谠先生并未采用"金字塔"的形象比喻，而是景跃进等教授在《当代中国政府与政治》一书中根据邹谠先生所表达的意思做出的阐释。

第二章

司法审判工作法律责任与政治责任协同的历史演进

　　司法体制作为一个兼具政治与法律双重属性、主观与客观有机结合的制度产物，具有浓厚的文化传统和独特的价值取向，其在中国共产党领导下的法治运行模式孕育于抗日战争和解放战争时期的根据地和解放区，新中国成立初期得以初步成型，伴随着改革开放的东风，以及在党的十八大以后取得全方位、多层次的突破性进展，成为推进国家治理体系和治理能力现代化的重要基石。在我国党政体制经历深刻且独具中国特色的制度构建过程中，中国共产党根据党的领导和党的建设需要积极开展司法领域内的制度建设，尤其是 2019 年 1 月颁布的《中国共产党政法工作条例》（以下简称《条例》）作为建党以来政法战线第一部党内法规，在加强党对政法工作集中统一领导的同时，亦明确了"党管政法"的"上下左右"关系，对"坚持和完善中国特色社会主义政法工作体系"具有重要的里程碑意义，开启了在政法领域形成内容科学、门类齐全、配套完备党内法规制度体系的全新征程，并引发了理论界与实务界的高度关注与热烈讨论。理论界或从宏观层面对新时代政法改革的背景意义、内涵外延、理念思路和目标任务以及政法体制的普遍规律和共同机理等问题进行初步探索①，或结合《条例》分别阐释党政体制在制度性重塑视阈下政法工作的推进逻辑和政法领域党内法规的体系化建构方向②，抑或从微观层面切入专门对诸如请示报告等某一制度予以理解适用。③ 司法实务部门则强调将党的领导贯彻到工作的全过程各环节。④ 实际上，从历史制度主义视阈出发，审视某一制度的生成、演化与发展，需将其放置于特定历史境况之中，因为"历史是至关重要的，它不仅可以让我们向过去取经，而且通过社会制度的连续性可以将现在、未来与过去连接起来"⑤，由此在探寻制度轨迹及其逻辑理路时则应考察其生成路径及由此形成的路径依赖问题。

一、回溯司法审判工作法律责任与政治责任协同的历史轨迹

百年来，司法审判工作法律责任与政治责任的协同是自中国共产党成立之初就始终贯穿于党的发展的各个历史阶段，并展现出其对"国家治乱之道与时俱进的深沉思索"⑥。基于此，笔者立足中国共产党建党

---

① 黄文艺．新时代政法改革论纲［J］．中国法学，2019（4）：5-25；黄文艺．中国政法体制的规范性原理［J］．法学研究，2020，42（4）：3-22.

② 于晓红，杨惠．党政体制重构视阈下政法工作推进逻辑的再审视：基于《中国共产党政法工作条例》的解读［J］．学术月刊，2019，51（11）：105-116；段瑞群．政法领域党内法规体系化建构研究：以《中国共产党政法工作条例》文本为例［J］．中国法律评论，2019（4）：192-206.

③ 段瑞群．政法领域中请示报告制度的理解与适用［J］．理论与改革，2020（5）：37-49.

④ 周强．最高人民法院工作报告［N］．人民日报，2019-03-20（6）.

⑤ 诺斯．制度、制度变迁与经济绩效［M］．刘守英，译．上海：上海人民出版社，1994：1.

⑥ 黄文艺．中国政法体制的规范性原理［J］．法学研究，2020（4）：6.

103 周年、中华人民共和国成立 75 年的重要历史节点，在明晰中国共产党领导制度形成与演变的基础上，以党内法规制度建设为切入点，通过系统梳理司法领域党内法规制度建设的生成轨迹和实践演进，追溯作为制度现象的"党内法规"的变迁历程，明晰党内法规制度体系形成与发展的过程中所蕴含的基本原理和内在逻辑，透视制度发展过程中的价值取向和思想理念，确保制度在拨冗去杂的基础上具有稳定性、连续性和权威性，从而为进一步建构系统性、科学性、规范性的司法审判工作法律责任与政治责任的协同制度体系提供相对完整的分析框架与论证思路。

（一）1921—1949 年萌芽形成时期的制度建设

20 世纪是一个血雨腥风、充满暴力的世纪，同时也是战争革命的世纪。自 19 世纪末中国陷入"三千年未有之大变局"以来，中国政治已经逐渐陷入循环往复的革命链条之中，且愈演愈烈。一方面，在于当时中国面临着严峻的外部挑战及沉重的民族危机，起初的救亡图存强国运动在经历了戊戌变法、辛亥革命等活动之后，已然从平和改革演变为极端革命；另一方面，革命作为国家权力羸弱不堪的产物，若要推进革命进程，就需公开邀请暴力，否则难以抵抗使用暴力代替权力的现实诱惑。① 无论革命目的设计如何，革命主张有何差异，革命均是具有至上正当性的神圣使命，进行革命不容置喙，否则就将陷入"不革命"的旋涡。但由于这些为了改变自己的国家被奴役、被驱逐、被欺凌的悲惨状况的仁人志士缺乏较为科学的世界观和方法论的指导，缺乏对历史发展规律的准确认知，再加之自身特殊利益的局限性，致使一系列的革命

---

① 阿伦特. 共和的危机［M］. 郑辟瑞，译. 上海：上海人民出版社，2013：137.

实践探索都无法逃脱最终失败的宿命。这时候，"中国迫切需要新的思想引领救亡运动，迫切需要新的组织凝聚革命力量"①，于是在马克思主义和中国工人运动相结合的情况下建立起了能够凝聚革命力量的新组织，即中国共产党。共产党人在实现共产主义的政治理想与中国陷入半殖民地半封建社会的现实境况发生碰撞与对抗之中，深刻认识到推翻帝国主义、封建主义和官僚资本主义，争取民族独立和人民解放是中国人民最迫切的需要。由此，中共二大明确，"铲除私有财产制度，渐次达到一个共产主义的社会"② 是党的最高纲领，"消除内乱，打倒军阀，建设国内和平；推翻国际帝国主义的压迫，达到中华民族完全独立；统一中国为真正的民主共和国"③ 是党的阶段性奋斗目标，即最低纲领。在这一政治纲领的引领之下，中国共产党人担负起挽救民族危亡、摆脱内忧外患、实现民族独立的历史重任。毛泽东将夺取并巩固政权的任务高度凝练为"强化人民的国家机器"，即人民的"军队、警察和法庭"④。此时，"党管司法"不仅是完成现代国家"暴力垄断"核心职能的重要手段，也是中国共产党在革命时期锻造历练的基本经验。作为新民主主义建设"试验区"的中共中央领导中枢——陕甘宁边区，在其发展的过程中关于党内法规与政府法制之间关系的探索，对于新中国成立之后的政党组织建设、司法体制形成、政法人才培养等产生了举足

---

① 中共中央关于党的百年奋斗重大成就和历史经验的决议［N］. 人民日报，2021-11-17（1）.

② 中共中央党史研究室. 中国共产党的九十年［M］. 北京：中共党史出版社，党建读物出版社，2016：44.

③ 中共中央党史研究室. 中国共产党的九十年［M］. 北京：中共党史出版社，党建读物出版社，2016：43.

④ 毛泽东. 毛泽东选集：第四卷［M］. 北京：人民出版社，1991：1476.

轻重的影响。这一时期与司法工作相关的党内法规主要散见于党的组织类、纪律类文件之中，具体规范事项有三方面。

一是建立"智库"性质的机构。在 1948 年发布的《关于中央法律委员会任务与组织的决定》中，明确中央法律委员会是"在中央书记处之下协助中央研究和处理全国立法和司法问题之工作机关"①，主要负责拟定司法政策、草拟重要法律、培训司法干部、筹办政府学校②等，为建立代表中国共产党执政理念、具有新民主主义性质的新的政法体系做好充足准备。但因当时政法工作的主要目标是"打倒反动政权，在被粉碎的旧政权废墟上建设人民的新政权"③，使其实际上承担着大量协助城市接管和改造法律机构等任务，以彻底改变旧有司法制度。

二是强化党的纪律建设。1938 年毛泽东在中共六届六中全会所作的政治报告中首次提出"党内法规"概念，标志着依规治党、制度治党已成为强化党的自身建设的关键内容。本次会议还通过出台一系列党内规范性文件④、设立监察委员会⑤等措施增强党的政治纪律和组织纪律。为加大党的领导力度，1942 年出台的《中共中央关于统一抗日根

---

① 中央档案馆．中共中央文件选集：第 17 册［M］．北京：中共中央党校出版社，1992：563.

② 中央档案馆．中共中央文件选集：第 17 册［M］．北京：中共中央党校出版社，1992：563.

③ 彭真．彭真文选：1941—1990 年［M］．北京：人民出版社，1991：212.

④ 如《中共扩大的六中全会关于中央委员会工作规则与纪律的决定》《中共扩大的六中全会关于各级党部工作规则与纪律的决定》《中共扩大的六中全会关于各级党委暂行组织机构的决定》等。

⑤ 监察各种党的机关、党的干部及党员的工作与对于党的章程决议之正确执行；审查党的各种机关之账目；管理审查并决定对于违反党章党纪之党员的处分，或取消其处分；审查并决定所有要求恢复党籍或重新入党者之党籍；监察党员关于破坏革命道德的行为。中共中央文献研究室，中央档案馆．建党以来重要文献选编：第 15 册［M］．北京：中央文献出版社，2011：775.

据地党的领导及调整各组织间关系的决定》针对请示报告、遵守法令、执行民主集中制等事项作出规定①，使全面从严治党要求实现党纪与法制②的双向互动。1948 年出台的《中共中央关于各中央局、分局、军区、军委分会及前委会向中央请示报告制度的决议》，不仅正式确立了包括综合报告和其他各项工作报告在内的一整套相对完备的请示报告制度，同时也明确了党的各级组织权限和责任担当。

三是明晰党纪责任与法律责任之间的关系。1940 年中央发布了《关于地方党及军队中党务委员会工作的决定》，其中规定"党员违反军纪，但若未违反党纪和明显破坏党的政治影响，其在受到军纪处分的同时不一定会被施以党纪处分。党纪的最高处分是开除党籍，逮捕和徒刑属于军纪和法律的范围"③。虽然此条直接指向党纪与军纪的区别，但从某种程度而言亦是对党纪与法律进行区分的重要规定。因新中国成立之前历史时期的特殊性，使这一阶段政法领域党内法规的制度实践紧紧围绕革命任务而展开，较少关于自身特性的强调与凸显，但其所具有的纪律性、组织性为新中国成立之后党的自身制度建设奠定了良好的基础。

（二）1949—1978 年曲折前行时期的制度建设

新中国成立之后，为了实现和加强中国共产党的领导，政法体制被

---

① 中央档案馆. 中共中央文件选集：第 13 册［M］. 北京：中共中央党校出版社，1991：431.

② 《陕甘宁边区施政纲领》第八条规定："共产党员有犯法者从重治罪。"韩延龙，常兆儒. 革命根据地法制文献选编：上卷［M］. 北京：中国社会科学出版社，2013：26.

③ 中央档案馆. 中共中央文件选集：第 13 册［M］. 北京：中共中央党校出版社，1991：580.

赋予稳定新生政权、镇压颠覆破坏活动的重大使命，主要任务是"巩固与发展人民民主专政、指导群众政治斗争"①，因为"社会一经脱离战争的影响，司法和公安工作就成为人民国家手中对付反革命、维持社会秩序最重要的工具"②。政法工作在当时所具有的处理敌我矛盾、进行革命斗争、类比军队武器的政治属性，使其必须牢牢掌控在人民群众手中，其中的统帅者即领导革命取得胜利的、作为先锋队的中国共产党。在其领导之下，这一时期的有关制度以中央人民政府、政务院发布为主，具体规范事项有三方面。

一是加强党对政法工作的领导。1950 年发布《关于镇压反革命活动的指示》，要求各级党委应加强对公检法三机关的领导，涉及死刑案件必须经过党委批准。③ 1953 年印发《关于加强中央人民政府系统各部门向中央请示报告制度及加强中央对于政府工作领导的决定（草案）》，通过对请示报告事项作出规范④以重申"党领导一切"的基本

---

① 董必武. 董必武法学文集 [M]. 北京：法律出版社，2001：126；彭真. 论新中国的政法工作 [M]. 北京：中央文献出版社，1992：26.

② 董必武. 董必武政治法律文集 [M]. 北京：法律出版社，1986：99.

③ "法院、检察、公安机关，是人民民主专政的重要武器，各级党委应加强自己对于它们的领导""在判处死刑时，党内必须经过省委、市委、区党委及受委托的地委批准。其中，如有特别重要分子，则须报告中央批准。"中共中央文献研究室. 建国以来重要文献选编：第一册 [M]. 北京：中央文献出版社，1992：422.

④ "今后政府工作中一切主要的和重要的方针、政策、计划和重大事项，均须事先请示中央，并经过中央讨论和决定或批准以后，始得执行。"中共中央文献研究室. 建国以来重要文献选编：第四册 [M]. 北京：中央文献出版社，1993：69.

原则不能动摇；对政府各领导同志职责权限进行划分①以减少纵向行政层级，建立党领导国家事务的"归口管理"模式，"政法口"由此成为"党管政法"的指代。1956 年中共八大党章对党的下级组织向上级组织请示报告的有关规定②，标志着请示报告工作正式上升至党内法规的最高层级，并促使其向更进一步的制度化、规范化方向发展。

二是开展司法改革运动。新中国成立之后的第一次司法改革运动始于 1952 年，重心在于打破旧审判模式，建立具有人民属性且能融合政治、法律与群众逻辑的新司法制度。1952 年中共中央发布《关于进行司法改革工作应注意的几个问题的指示》，要求司法改革运动必须从"清算旧法观点入手"，通过采取清理旧司法人员的"组织办法"，以达到"组织整顿"的目的。③

三是探索党政④关系。1949 年颁布的《中共中央关于中央人民政府成立后党的文化教育工作问题的指示》规定政府在党的领导下担负管理文化教育行政的任务，使党可以集中精力制定大政方针及注意思想斗

---

① "为了更好地作到现在政府工作中的各领导同志直接向中央负责，并加重其责任，特规定明确的分工如下：政法工作（包括公安、检察和法院工作），由董必武、彭真、罗瑞卿负责……"中共中央文献研究室. 建国以来重要文献选编：第四册［M］. 北京：中央文献出版社，1993：70.

② 《中国共产党章程》（1956 年 9 月 26 日）第十九条："党是按照民主集中制组织起来的。（四）党的下级组织必须定期向上级组织报告工作。下级组织的工作中应当由上级组织决定的问题，必须及时向上级请求指示。"

③ 中共中央文献研究室. 建国以来重要文献选编：第三册［M］. 北京：中央文献出版社，1992：316.

④ 这里的"政"乃广泛意义上的政府之意，即包含了政府、人大和司法机关等在内的"大政府"概念。

争。① 1956 年中共八大党章要求"建立科学的领导、组织制度，防止党政不分、以党代政和权力过分集中"②，促使党领导下的分工负责制逐渐形成。

（三）1978—2012 年稳步推进时期的制度建设

1978 年 12 月 13 日中共中央工作会议闭幕会上，邓小平第一次把党规党法与国家法律放在同等重要的位置，指出："国要有国法，党要有党规党法。党章是最根本的党规党法。没有党规党法，国法就很难保障……对于违反党纪的，不管是什么人，都要执行纪律，做到功过分明，赏罚分明，伸张正气，打击邪气。"③ 这不仅为新时期党内法规制度建设指明前进方向，而且第一次将党内法规和国家法律并列提出，彰显党规国法协同推进的先进理念。随后，经由在中央文件首次使用"党规法"④ 到在正式文件中首次规范"党内法规"⑤，再到党章首次确认"党内法规"⑥ 概念，促使依规治党的政治实践意义层层递进。与此同时，实行党政职能分开，同时开始恢复和重建中国共产党领导的多党

---

① 中共中央文献研究室 . 建国以来重要文献选编：第一册 ［M］. 北京：中央文献出版社，1992：54.

② 王立峰 . 走向法治之路：新中国成立以来党内法规的制度实践 ［J］. 湘湘论坛，2020，33（1）：45.

③ 邓小平 . 邓小平文选：第二卷 ［M］. 北京：人民出版社，2002：147.

④ 1980 年 2 月 29 日中国共产党十一届五中全会通过的《关于党内政治生活的若干准则》，规定"必须认真维护党规党法"。秦强 . 以党内法规扎紧制度笼子 ［M］. 北京：人民日报出版社，2019：23.

⑤ 1990 年 7 月 31 日中共中央颁布的《中国共产党党内法规制定程序暂行条例》，对党内法规的名称、适用范围、制定主体、制定程序等作出详细规定。

⑥ 1992 年 10 月 18 日中国共产党第十四次全国代表大会通过的《中国共产党章程》，第四十四条规定："党的各级纪律检查委员会的主要任务是维护党的章程和其他党内法规。"十一届三中全会以来历次党代会、中央全会报告 公报 决议 决定：下 ［M］. 北京：中国方正出版社，2008：501.

合作和政治协商制度。实际上，早在党的十一届三中全会公报中就提出要"认真解决党政企不分，以党代政、以政代企的现象"。邓小平在1980年8月18日《党和国家领导制度的改革》的讲话中也提出要解决权力过分集中的问题，并明确提出要解决党政不分、以党代政的问题，对此指出："要真正建立从国务院到地方各级政府从上到下的强有力的工作系统。今后凡属政府职权范围内的工作，都由国务院和地方各级政府讨论、决定和发布文件，不再由党中央和地方党委发指示、作决定。"他在1986年谈到关于政治体制改革的问题时更是强调："改革的内容，首先是党政要分开，解决党如何善于领导的问题。这是关键，要放在第一位。"1987年中国共产党第十三次全国代表大会提出了党政分开的设想并进行了具体设计，指出政治体制改革的关键首先是党政分开，党政分开即党政职能分开。简而言之，这一时期提出的"党政分开"中的"分"，要求将政府的行政权力从原来的"党政合一"之中分出来，切实保证政府职能的独立行使，让政府能够独立地进行行政的全过程工作。不仅党和政府的关系可以这样划分，而且党同司法以及其他社会组织的关系同样可以这样划分。1989年党的十三届四中全会确立了以江泽民为核心的第三代中央领导集体，随后就提出了大力加强党的建设的任务，开始扭转削弱党的建设、弱化党的领导的局面，并部分探索党政一体的、新的执政方式。1989年8月28日，党中央针对当时党的建设中的一些重大问题，发出了《中共中央关于加强党的建设的通知》，澄清了党的建设中许多模糊的或不当的看法和做法。江泽民在1989年8月21日召开的全国组织部长会议上发表重要讲话，强调党的领导作用只提政治领导不够，还应该有思想领导和组织领导。在此过程中出现了党政分开、党政合一、党政合署办公等各种探索和尝试。总体而言，这一阶段伴随着国家核心任务转变为"社会主义现代化建设"，执政党为人民群众谋取社会现实利益的民生政治成为其获得权威、维持稳定、治理国家的主要途径①，使政法体制的功能定位逐渐成为维护社会安定的底线保障。这一时期中共中央发布的许多关于加强司法工作的规定，核心在于加快形成党管司法的科学领导方式。具体规范事项有两方面。

一是定位党与政法的关系。1981年出台的《关于建国以来党的若干历史问题的决议》强调"坚持和不断改善党的领导""从各方面保证司法机关有效行使自己的职权""党的各级组织必须在宪法和法律的范围内活动"等，标志着中国共产党重新确立马克思主义的思想、政治和组织路线。② 1982年中共十二大党章指出，"党的领导主要是政治、思想和组织领导。党必须在宪法和法律的范围内活动，并保证司法机关积极主动、独立负责、协调一致地工作"③，这是政法领域实行党政分工原则的良好体现。1994年出台的《中共中央关于加强党的建设几个重大问题的决定》作为规范党的建设的专门文件，良好呼应了中共十二大

---

① 康晓光. 经济增长、社会公正、民主法治与合法性基础：1978年以来的变化与今后的选择 [J]. 战略与管理，1999（4）：72-81；郑永年. 改革及其敌人 [M]. 杭州：浙江人民出版社，2011：36-43；张健. 合法性与中国政治 [J]. 战略与管理，2000（5）：1-15；邹谠. 二十世纪中国政治 [M]. 香港：牛津大学出版社，1994：270；王绍光. 安邦之道：国家转型的目标与途径 [M]. 北京：生活·读书·新知三联书店，2007：6；夸克. 合法性与政治 [M]. 佟心平，王远飞，译. 北京：中央编译出版社，2008：7-8；GUO B G, Political Legitimacy and China's Transition [J]. Journal of Chinese Political Science, 2003, 8（1）：1-25.
② 关于建国以来党的若干历史问题的决议 [N]. 人民日报，1981-07-01（1）.
③ 中国共产党章程 [N]. 人民日报，1982-09-09（1）.

党章的精神要旨。^① 1997 年党的十五大关于依法治国基本方略、司法职权独立行使等科学论断的提出，不仅使"总揽全局、协调各方"成为党与政法关系的定位，而且促使我国政法事业由"法制"向"法治"方向转变。^② 2001 年中共中央出台的《关于加强和改进党的作风建设的决定》进一步强调需将"党的领导同发扬人民民主、严格依法办事、尊重客观规律有机统一起来"，善于在"调动各方面积极性的同时，支持同级各种组织依照法律和各自章程开展工作"，通过"建立结构合理、配置科学、程序严密、制约有效的权力运行机制，保证权力沿着制度化和法制化的轨道运行"^③。

　　二是明确党管司法的方式。党的十六大将依法治国和依法执政确立为改革和完善党的领导执政方式的核心内容，并具体指明通过"制定大政方针，提出立法建议，推荐重要干部，进行思想宣传，发挥党组织和党员作用"^④ 来实现"党的政治、思想和组织领导"。随后修改完善的党章关于党组任务^⑤的规定，既是对党中央报告精神的具体落实，亦是

---

① 《中共中央关于加强党的建设几个重大问题的决定》规定："党必须在宪法和法律的范围内活动，又要善于组织、协调各方面的力量，充分发挥各个组织的作用，实行正确的领导。"

② 陈卫东. 改革开放四十年中国司法改革的回顾与展望［J］. 中外法学，2018，30（6）：1406.

③ 中共中央关于加强和改进党的作风建设的决定［N］. 人民日报，2001-10-08（1）.

④ 全面建设小康社会，开创中国特色社会主义事业新局面：在中国共产党第十六次全国代表大会上的报告［N］. 人民日报，2002-11-18（1）.

⑤ 《中国共产党章程》（2002 年 11 月 14 日）第四十六条规定："党组的任务，主要是负责贯彻执行党的路线、方针、政策；讨论和决定本单位的重大问题；做好干部管理工作；团结非党干部和群众，完成党和国家交给的任务；指导机关和直属单位党组织的工作。"

对党的领导执政方式的细化设置。2004 年中共中央出台的《关于加强党的执政能力建设的决定》为贯彻依法治国基本方略，提高依法执政能力水平，在提出党的执政能力概念、目标的基础上，强调党委一方面应支持司法机关独立行使司法权；另一方面还应解决司法机关实际工作中遇到的重大问题，把党的政策和工作部署通过党组织及党员干部予以贯彻，从而形成权责明确、相互配合、相互制约、高效运行的司法体制①，更好地将党的领导与依法独立公正行使司法权有机统一起来。总体而言，这一阶段党对司法工作的领导已经转变为总揽全局、协调各方的政治、思想和组织领导，并逐步形成在宪法和法律范围内进行领导的科学管理方式。

（四）2012 年至今全面发展时期的制度建设

改革开放以来，中国社会经历了举世瞩目的深刻结构性变化，在持续政治清明、经济腾飞、文化繁荣的增量改革背景之下，形成了利益主体多元化、利益格局复杂化的发展态势，起初党和国家所推行的期望对所有人都有益处的增量改革已无法维持现今的高速发展，传统治理逻辑已无法妥善应对当今的诸多社会问题，单纯依靠加大建设力度提升政绩的方式已无法维持良好的社会秩序，如何保障公众参与政治的民主权利成为执政的必要思考，因为通过社会整合达成善治的关键因素并非公民具有相同利益或其自身的利他本性，而是公民的共同态度以及参与机制②，即只有公民参与政治，才能实现公民整合，以形成善治的良好局

---

① 中共中央关于加强党的执政能力建设的决定［N］. 人民日报，2004-09-27（1）.
② 雅诺斯基. 公民与文明社会［M］. 柯雄，译. 沈阳：辽宁教育出版社，2000：36.

面。实际上，自进入 21 世纪初，我们党就提出了依法治国、建设社会主义法治国家的基本方略，要求把党的领导、发扬人民民主和严格依法办事统一起来，从制度上和法律上保证党的基本路线和基本方针的贯彻实施，保证党始终发挥总揽全局、协调各方的领导核心作用。2002 年党的十六大进一步提出发展社会主义民主政治，最根本的是要把坚持党的领导、人民当家作主和依法治国有机统一起来。至此，经过改革开放以来多年的实践与探索，政党中心的国家治理模式基本成型，其总体原则和根本方向正式确立。进入中国特色社会主义进入新时代以来，坚持和加强中国共产党的全面领导已经成为一项重要的政治原则和一个重大的时代标志，并日渐深入人心，得到广泛的支持和认可。与此同时，党的十八届三中全会掷地有声地提出推进国家治理体系和治理能力现代化的重大战略命题，标志着我国社会主义现代化建设进入全新阶段，体现了中国共产党治国理政思想的历史性飞跃，并由此推动政法领域组织体制、执法理念、目标任务面向"民生为先、民生为重、民生为本"① 进行系统性重构，"维护国家政治安全、确保社会大局稳定、促进社会公平正义、保障人民安居乐业"② 成为新时代政法工作的核心定位。基于此，在善治逻辑引领下，这一时期党领导司法工作的制度建设进入高度活跃时期，在党内法规制度体系化建构中充分体现党对司法工作的全面领导，有机融入了坚持党的领导、人民当家作主与宪法法律至上相结合，尊重和保障人权与加强权力制约监督相结合，维护公平正义与提高

---

① 罗豪才. 中国以民生为重的人权建设［J］. 人权，2013（3）：3.
② 习近平. 坚持以人民为中心的发展思想 履行好维护国家政治安全确保社会大局稳定 促进社会公平正义保障人民安居乐业的主要任务［N］. 人民日报，2018-01-23（1）.

执法司法效率相结合等司法改革基本理念。具体规范事项有三方面。

一是坚决维护党中央权威。党的十八大以来，以习近平同志为核心的党中央高度重视请示报告工作，2016 年党的十八届六中全会出台的《关于新形势下党内政治生活的若干准则》根据新时期、新情况对重大问题报告制度作出更加严格、细致的规定。① 2019 年颁布的《中国共产党重大事项请示报告条例》是在新形势下对历史上党的报告制度的继承和发展，该条例与党内政治生活准则、加强党中央领导规定等党内法规一起，构成关于党的政治建设的党内制度体系，表明中国共产党对维护党的集中统一领导有了更全面、更深入的认识和更系统、更有效的办法。

二是切实解决不当干预司法问题。在党的十八届四中全会《中共中央关于全面推进依法治国若干重大问题的决定》明确提出建立领导干部干预司法活动责任追究制度之后，2015 年中共中央办公厅、国务院办公厅与中央政法委于同一天公布两项专门针对干预司法的党内法规，从内、外两方面共同构筑起防止干预司法办案活动的制度屏障，对于维护司法公正及保障司法人员依法履职具有重要意义。为适应全面从严治党和全面推进依法治国的现实需要，2015 年 10 月修订的《中国共产党纪律处分条例》直面积弊，首次对违反规定干预司法、执纪执法及其处分

---

① 《关于新形势下党内政治生活的若干准则》规定："全党必须严格执行重大问题请示报告制度。……最高人民法院、最高人民检察院，……其党组织要定期向党中央报告工作。研究涉及全局的重大事项或作出重大决定要及时向党中央请示报告，执行党中央重要决定的情况要专题报告。遇有突发性重大问题和工作中重大问题要及时向党中央请示报告，情况紧急必须临机处置的，要尽职尽力做好工作，并迅速报告。"

作出最为严格的规定①，使党员领导干部以至全体党员对党纪法纪始终保持敬畏之心。

三是出台政法领域第一部党内基本法规。2019 年中共中央印发的《中国共产党政法工作条例》对"谁来领导政法、具体领导事项、如何领导政法"等一系列问题作出全面规定②，在政法工作发展史上具有里程碑式的重要意义。其中，明确规定了从中央到地方、从政法委到部门党组的领导权责以及从决策到执行再到问责等领导机制，构建起了一种从外部领导到内部执政，从党中央集中统一领导到分层级、分系统领导的全方位领导体制③，极大提升政法工作的科学化、制度化与规范化水平。应当说，以该《条例》的出台为标志，将政法工作借助党内法规的形式纳入党内制度体系之中，不仅有效勾连党的领导与法治建设之间的关系，表征政法领域党内法规对接国家法律的积极主动性，而且充分彰显以党内法治促进国家法治，实现依规治党与依法治国有序并进的发展态势。

二、透视司法审判工作法律责任与政治责任协同的内在要素

中国共产党成立以来，司法审判工作法律责任与政治责任的协同建设在实践中创新、在改革中深化、在发展中完善，并不断探索和继续精

---

① 2015 年 10 月《中国共产党纪律处分条例》第一百一十九条规定："党员领导干部违反有关规定干预和插手司法活动、执纪执法活动，向有关地方或者部门打招呼、说情，或者以其他方式对司法活动、执纪执法活动施加影响，情节较轻的，给予严重警告处分；情节较重的，给予撤销党内职务或者留党察看处分；情节严重的，给予开除党籍处分。"

② 邓小平. 邓小平文选：第二卷 [M]. 北京：人民出版社，1994：147.

③ 黄文艺. 中国政法体制的规范性原理 [J]. 法学研究，2020，42（4）：21.

进，其中不仅蕴含着中共党史的跌宕起伏，亦伴随着社会主义法治建设的成长历程。在新时代坚持和完善司法审判工作的法律责任与政治责任协同发展，最为关键的在于阐明其在形成与发展的过程中所蕴含的内在逻辑，这是把握司法审判工作法律责任与政治责任的协同发展规律并探寻其发展方向的重要内容。

（一）基本维度：党的领导、人民当家作主与依法治国

继党的十六大作出"坚持党的领导、人民当家作主和依法治国有机统一"战略选择后，党的十九大以此为基进一步指出，"党的领导是人民当家作主和依法治国的根本保证，人民当家作主是社会主义民主政治的本质要求，依法治国是党领导人民治理国家的基本方略"①，三者的关联互动共同勾勒出中国特色社会主义政治文明中的党、人民和国家的政治逻辑自洽性。

首先，司法审判工作法律责任与政治责任的协同推进体现于从各方面保证司法部门严格执行法律法规，使党的领导成为做好司法工作的"定海神针"。继党的十八大报告提出"加强和改进党对政法工作的领导"这一重大论断，执政党积极运用党内法规的形式对司法组织结构、工作制度、运行机制等作出相应规范，以形成党全方位领导政法工作的良好格局。其次，以人民为中心的发展理念要求司法审判工作法律责任与政治责任的协同推进制度设计需体现人民意志、保障人民权利、激发创造活力。建党以来，中国共产党基于完善司法体制的工作目标，着力建构党领导下的各司其职、相互制约、相互配合的司法工作体系，通过

---

① 党的十九大报告学习辅导百问［M］.北京：党建读物出版社，学习出版社，2017：29.

顺利推进刑事诉讼进程，及时有效纠正办案偏差，确保无罪之人不受刑事追诉，有罪之人受到公正处罚。最后，司法审判工作法律责任与政治责任的协同推进是全面依法治国的重要组成。党的十九大以来，全面依法治国步入全新阶段，由治理迈向善治成为建构法治中国的主基调，由服务经济社会发展转向完善国家治理制度成为法治建设的核心使命，而若要最终实现从形式法治的"法律之治"到形式法治和实质法治相统一的"良法善治"①，必须进行深入且有效的法治改革，其中的重中之重乃政法改革。习近平总书记对此强调："法治领域改革涉及的主要是公检法司等国家政权机关和强力部门，社会关注度高，改革难度大，更需要自我革新的胸襟。"② 为使司法机关充分发挥全面依法治国主力军的先锋作用，合理平衡政法领域党内法规体系与国家法律体系的关系乃首要旨意，用党规借鉴法治理论的方法更进一步保证党规的立规科学、执规严格、督规有效，让司法工作人员自觉遵守党内法规和国家法律蔚然成风。

（二）基本内容：政治领导、组织领导与思想领导

党的十二大着力解决党的建设薄弱问题，力争消除"权力过分集中""党政不分"等弊端，强调"党的领导主要是方针政策的指引和对干部的管理，因其与政府工作并不等同而不能代替它们的工作"③。这里虽未直接明确党领导司法工作的内容，但从其关于党政关系的论述中

---

① 张文显. 中国法治 40 年：历程、轨迹和经验［J］. 吉林大学社会科学学报，2018，58（5）：14.
② 习近平. 加快建设社会主义法治国家［J］. 求是，2015（1）：7.
③ 全面开创社会主义现代化建设的新局面：在中国共产党第十二次全国代表大会上的报告［N］. 人民日报，1982-09-08（1）.

已初现党管司法的理论雏形。随后，将"党的领导主要是政治、思想和组织的领导"① 作为历史经验总结特别是长期执政实践得出的基本结论载入中共十四大党章而为全党一体遵行，使政治领导、思想领导和组织领导成为党的领导内容的原则性规定。

首先，政治领导是对方针政策原则的把控及对国家性质和发展方向的规定。1980 年 2 月中共中央出台的《关于党内政治生活的若干准则》，对恢复和发扬党的优良传统作风、健全民主政治生活具有重要作用。2016 年 10 月，中共中央根据新形势下的任务变化更新出台《关于新形势下党内政治生活的若干准则》，对强化理论武装、执行政治路线、站稳政治立场、拥护中央权威、遵守纪律规律、正确选人用人、保持清正廉洁等作出明确要求。为贯彻落实党的十九大关于"把党的政治建设摆在首位以突出其重要地位"等论述精神，2019 年 1 月，中共中央专门出台《关于加强党的政治建设的意见》，将"坚定政治信仰，强化政治领导，提高政治能力，净化政治生态"② 作为加强党的政治建设的目标宗旨。具体到司法领域，根据《中国共产党政法工作条例》的相关规定，则将其细化为"推动完善和落实政治轮训和政治督察制度"，以提高各级党组织和党员领导干部"法治思维能力"和"依法执政能力"。③

其次，组织领导是通过向国家政权机关推荐党的重要干部而掌控国

① 中国共产党章程 ［N］. 人民日报，1982-09-09（1）.
② 中共中央关于加强党的政治建设的意见 ［N］. 人民日报，2019-02-28（1）.
③ 张文显. 新思想引领法治新征程：习近平新时代中国特色社会主义思想对依法治国和法治建设的指导意义 ［J］. 法学研究，2017，39（6）：19.

家权力及通过党的各级组织领导社会力量，其中主要包括党员队伍建设①、干部队伍建设②、领导班子建设③、基层组织建设④等。在司法领域，2017 年中共中央专门印发《关于新形势下加强政法队伍建设的意见》，提出加强和改进政法队伍建设的具体举措。2019 年习近平总书记在中央政法工作会议上不仅提出政法队伍的"四化"建设，而且将其中的"革命化"置于首位以昭示其重要的政治意义。结合《中国共产党政法工作条例》，通过明确政法委协助党委组织部门进行干部管理工作，从而有力确保政法干部政治素质过硬和业务能力够强。

最后，思想领导是通过将马克思主义特别是习近平新时代中国特色社会主义思想确定为意识形态领域的指导思想而提升民众对于执政党的政治思想认同和社会心理认同。在司法领域，当紧密结合《党委（党组）意识形态工作责任制实施办法》《关于加强和改进中央和国家机关党的建设的意见》《中国共产党党委（党组）理论学习中心组学习规则》等党内法规文件及相关法律法规，采取有力措施，以更加强烈的责

---

①　如《中国共产党发展党员工作细则》（2014）、《中国共产党党员教育管理工作条例》（2019）等。

②　如《干部教育培训工作条例》（2015）、《省（自治区、直辖市）纪委书记、副书记提名考察办法（试行）》（2015）、《中央纪委派驻纪检组组长、副组长提名考察办法（试行）》（2015）、《中管企业纪委书记、副书记提名考察办法（试行）》（2015）、《推进领导干部能上能下若干规定（试行）》（2015）、《党委（党组）讨论决定干部任免事项守则》（2016）、《中央企业领导人员管理规定》（2018）、《党政领导干部选拔任用工作条例》（2014/2019）、《党政领导干部考核工作条例》（2019）、《干部教育培训学员管理规定》（2019）等。

③　如《中国共产党党委（党组）理论学习中心组学习规则》（2017）、《县以上党和国家机关党员领导干部民主生活会若干规定》（2017）等。

④　如《中国共产党农村基层组织工作条例》（2019）、《中国共产党党和国家机关基层组织工作条例》（2019）、《中国共产党国有企业基层组织工作条例（试行）》（2019）、《中国共产党支部工作条例（试行）》（2018）等。

任感、使命感、紧迫感贯彻习近平总书记关于思想宣传工作的重要讲话、全面依法治国新理念、新思想、新战略和对司法工作的重要指示精神，压实主体责任、强化党管宣传、突出舆论引导，牢牢掌握司法领域意识形态领导权、管理权、话语权，为司法工作高质量发展提供坚实的思想舆论保障。

（三）基本方式：科学执政、民主执政与依法执政

2004 年 9 月，党的十六届四中全会将"科学执政、民主执政、依法执政"作为加强党的执政能力建设的总目标，在党的十七大对其作出进一步明确要求并载入党章之后则成为党治国理政的基本方式。具体到司法领域，坚持党对司法工作的全面领导不只是政治纲领和战略部署，还要有实实在在的抓手，即体现在党支持司法和党对司法工作的集中统一领导上，尤为关键的是科学构建党的领导与依法独立公正行使司法权的关系，二者关系的实质是执政党的领导核心地位与法治国家所要求的法律至上地位的均衡性问题。

首先，科学执政要求党对司法工作进行"管方向、管政策、管原则、管干部，不是包办具体事务，不要越俎代庖"① 的领导，即通过有效构建党中央绝对领导、地方党委总揽协调、政法委员会归口管理以及部门党组主管主抓的运行机制格局，对政法工作施以把方向、谋大局、定政策、促改革的宏观领导。其次，民主执政要求司法工作应按照民主集中制原则组织开展，在贯彻党中央的决策部署基础上充分发挥党组织及党员干部的积极性、主动性和创造性。为更好地遵循政法工作的特殊

---

① 中共中央文献研究室.习近平关于全面依法治国论述摘编［M］.北京：中央文献出版社，2015：111.

规律，在《中国共产党政法工作条例》中设计调查研究、风险评估和合法合规性审查的决策前置程序，目的在于保证政法决策具有科学性和民主性；设计坚决贯彻执行上级命令，"谁决策，谁审批"以及下级党组织的意见保留权、反映权三项关于执行制度的基本原则亦是增强共识、汇聚力量的民主集中制原则的具体体现。最后，依法执政强调司法事业的推进需要党内法规制度和法律制度的综合回应，党领导司法工作的制度格局优化应既有助于强化党的领导，亦顺应司法工作发展的基本规律。对此，一方面要求执政党依据国家法律领导司法工作，把党统帅全局的宏观领导同司法机关的依法履职统一起来，全面提升党领导司法工作的能力和水平。另一方面要求执政党依据党内法规管党治党，在司法领域建立以党章为统帅、以《中国共产党政法工作条例》为轴心，以若干规范性文件为依托，以健全领导主体制度、领导行为制度和防错纠错制度为主要内容的党内法规制度体系，推进政法领域党内法规和其他规范性党内文件、正式制度和非正式制度、制度方式和非制度方式的协调互动。

三、考察司法审判工作法律责任与政治责任协同的运行机制

通过上述从历史发展的角度分析司法审判工作法律责任与政治责任的协同推进历程和基本经验，能够发现司法审判工作法律责任与政治责任的协同推进过程本身是一个不断走向定型和成熟的过程，其成熟程度与制度化、法治化和民主化程度紧密相关。在这一过程中，党的领导与司法审判之间以及各级司法机关之间相互关系的处理、职责权限划分是司法审判工作法律责任与政治责任协同推进中最为核心、最为要紧的制

度安排，这不仅直接关乎党内权力结构在司法领域的科学设置，同时还关系到司法审判工作法律责任与政治责任协同建设的方式问题。权力的合理设置与权限的科学界定，是建设总揽全局协调各方的党领导司法制度体系、坚持和完善党领导司法的体制和方式的关键环节。党的十九届四中全会围绕"坚持和巩固什么、完善和发展什么"的重大政治问题，紧扣"坚持和完善中国特色社会主义制度、推进国家治理体系和治理能力现代化"的主题，遵循中国特色社会主义道路、实现国家现代化和民族复兴相统一的内在逻辑，对坚持和完善党的领导制度体系进行了部署。应当说，加强党的领导制度建设是发挥我国司法制度显著优势的可靠保障，而制度的优越性必须通过一系列运行机制的高效运转而使治理的效能表现出来。一是通过规划制定比较长远全面的司法发展计划，形成对未来发展整体性、长期性、基本性问题的思考和考量；二是通过决策对一定时期内有关司法活动的方向、内容及方式进行选择或调整；三是通过执行有效推动司法领域各项路线方针政策的落实落地；四是通过监督对司法特定环节、过程、人员进行督促和管理，使其结果能够达到预定的目标；五是通过评估考察人民群众对司法工作的满意程度。通过上述规划、决策、执行、监督、评估的运作流程，可以对司法领域党的全面领导和集中统一领导进行深入研究。

（一）建立党对司法的全面领导制度

新中国成立以后，中国共产党为建设社会主义国家而不懈努力奋斗，逐步确立、发展并巩固了我国的政治制度、经济制度、文化制度等多方面重要制度。其中，最为重要的是始终坚持党的领导，不断完善党的领导制度。中国共产党作为最高的政治领导力量，作为执政党，是中国特色社会主义事业的领导核心。党的十九大明确提出：党政军民学，东西南北中，党是领导一切的。中国共产党的领导是中国特色社会主义最本质的特征，是中国特色社会主义制度最大的优势。党的十八届六中全会通过的《关于新形势下党内政治生活的若干准则》以及十九届中共中央政治局第一次会议通过的《中共中央政治局关于加强和维护党中央集中统一领导的若干规定》将党的全面领导以及党中央集中统一领导进一步制度化。一是完善党领导司法机关制度，健全各级司法机关党组工作制度，确保党在各级司法组织中发挥领导作用。二是完善党领导司法事业的具体制度，把党对司法工作的领导落实到统筹推进"五位一体"总体布局、协调推进"四个全面"战略布局各方面。三是完善党和司法机构职能体系，把党的领导贯彻到党和国家司法机构履行职责全过程，推动各方面协调行动、增强合力。

（二）形成党对司法集中统一领导的整体布局

中国共产党成立初期，就把民主集中制作为党的根本组织原则，对全党服从中央作出了基本的制度安排；抗日战争时期，中国共产党制定的《关于中央委员会工作规则与纪律的决定》等文件，促使中国共产党集中统一领导体制的基本格局得以确立；解放战争时期，中国共产党制定的《关于健全党委制的决定》等文件，要求建立向党中央请示报告的制度，有效加强了党中央集中统一领导；新中国成立后，党中央通过在中央政府机构设立党组和党委等做法，建立起党对国家进行全面领导的体制机制；改革开放后，明确提出党的集中统一领导问题，要求全党在思想上、政治上、行动上同党中央保持高度一致；党的十八大以来，通过制定和修订一大批党内法规，对党和国家机构职能体系进行系统性重构，进一步健全完善坚定维护党中央权威的体制机制，使党的集中统一领导得以具体化、规范化、制度化。将党的集中统一领导运用至司法领域，体现在以下三方面：一是推动全党增强"四个意识"、坚定"四个自信"、做到"两个维护"，自觉在思想上、政治上、行动上同以习近平同志为核心的党中央保持高度一致，坚决把维护习近平总书记党中央的核心、全党的核心地位落到实处。坚持和加强中国共产党的全面领导就必须提高党把方向、谋大局、定政策、促改革的能力和定力，确保党始终总揽全局、协调各方。二是健全党中央对重大工作的领导体制，强化党中央决策议事协调机构职能作用，完善推动党中央重大决策落实机制，严格执行向党中央请示报告制度，确保令行禁止。必须全面认识党的全面领导的整体布局，既加强党的集中统一领导，又支持司法机关依法依章程履行职能、开展工作、发挥作用，做到两方面的有机统一和协调运作。三是健全维护党的集中统一的组织制度，实现各级司法机关中党的组织上下贯通、执行有力，实现党的组织和党的工作全覆盖。

（三）强化党领导司法的协调机制

党的十九届四中全会指出，我国国家制度和国家治理体系具有多方面的显著优势，主要是坚持党的集中统一领导，坚持党的科学理论，保持政治稳定，确保国家始终沿着社会主义方向前进的显著优势。对此，一是将党的制度建设与司法领域党内法规建设结合起来。党的十八大以来，以习近平同志为核心的党中央在强调加强理想信念教育、党性教育与思想建党的同时，将党的制度建设与党内法规建设紧密联系在一起，高度重视党内法规制度建设。通过运用党内法规把党要管党、全面从严治党落实到司法工作开展之中，促进党员、干部带头遵纪守法，致力于推进司法工作制度化、规范化、程序化。二是将党的建设、党的领导、依法执政、科学执政结合起来。党的十八届三中全会通过的《中共中央关于全面深化改革若干重大问题的决定》强调，要"紧紧围绕提高科学执政、民主执政、依法执政水平深化党的建设制度改革，加强民主集中制建设，完善党的领导体制和执政方式，保持党的先进性和纯洁性，为改革开放和社会主义现代化建设提供坚强政治保证"。这涉及党的建设、党的领导、依法执政、科学执政等多方面的内容。从党的建设角度看，这要求我们党必须完善科学决策、民主决策机制，深化干部人事制度改革，改革和完善干部考核评价制度，完善和落实领导干部问责制等主要内容。从强化权力监督与制约角度看，这要求我们党要构建决策科学、执行坚决、监督有力的权力运行体系，尽快形成科学有效的权力制约和协调机制。三是将党的领导、人民当家作主、依法治国有机结合起来。坚持党的领导、人民当家作主、依法治国有机统一，坚持解放思想、实事求是，坚持改革创新，突出坚持和完善支撑中国特色社会主义制度的根本制度、基本制度、重要制度，着力固根基、扬优势、补短板、强弱项，构建系统完备、科学规范、运行有效的制度体系，加强系统治理、依法治理、综合治理、源头治理，把我国制度优势更好地转化为国家治理效能，为实现"两个一百年"奋斗目标、实现中华民族伟大复兴的中国梦提供有力保证。

第三章

司法审判工作法律责任与政治责任协同的现实考察

    中国共产党不仅是执政党,还是中国特色社会主义现代化事业的领导核心。在执政党与国家政权的关系上,不仅党是高度统一的,国家权力也是高度统一的,中国共产党通过一整套的法治、体制与机制对国家政权实行全面掌控和有效领导,真正做到总揽全局、协调各方。改革开放以来,尤其是党的十八大以来,中国共产党着力推进全面依法治国和全面依规治党,并将其作为习近平法治思想的核心要义之一,更深层次地、系统地分析了依法治国和依规治党的辩证关系,阐明国家法律和党内法规对于治国理政和全面从严治党的重要意义,进而促进国家制度优势和党的制度优势在国家治理体系和治理能力现代化的党和国家政治建设主题中相互转化、形成合力,使依法治国和依规治党在中国特色社会主义事业中固根本、稳预期、利长远的保障作用得到充分有效的发挥,进而不断开创党和国家事业发展的新局面。在全面依法治国的新时代语境中,作为中国所特有的一种制度实践,加强司法审判工作法律责任与政治责任的协同推进也必然要纳入法治化的轨道之中。习近平总书记在中央全面依法治国委员会第一次会议上深刻指出，"推进党的领导制度化、法治化，既是加强党的领导的应有之义，也是法治建设的重要任务"，"党既依据宪法法律治国理政，又依据党内法规管党治党、从严治党"①。这就说明，若要在司法审判工作中协同推进法律责任与政治责任，不仅要求中国共产党在国家法律范围内履行职责，亦需运用党内法规规范行为，从而有力彰显党规国法"双轮驱动"共同保障司法体系良好运行的法治优势。然而，从检视现实制度供给现状的宏观角度出发，无论是国家法律还是党内法规，有关于司法审判工作法律责任与政治责任协同的法治化建设仍有薄弱之处；从党内法规在司法领域中具体适用的微观角度出发，党内法规的司法适用亦存在一定问题，有待进一步深入分析。

一、国家法律涉及"党的领导"规定的制度样态

（一）国家法律涉及"党的领导"规定的基本情况

笔者以"北大法宝"为检索平台，以发布日期 2021 年 9 月 1 日为统计截至时间节点，在检索框中选择"全文"并分别输入"中国共产党""领导"为关键词，将效力级别选择为"法律"，将时效性选择为"现行有效"，继而梳理出 29 部涉及"党的领导"的法律规范，如表 3-1 所示。

---

① 习近平. 加强党对全面依法治国的领导 [J]. 奋斗，2019 (4)：1-8.

表 3-1　涉及"党的领导"的法律规范

类型	法律名称	发布时间	发布部门	条款内容	条款设置
宪法	宪法	2018 年 3 月 11 日	全国人大	第一条：中国共产党领导是中国特色社会主义最本质的特征	总纲
宪法性法律	全国人大组织法	2021 年 3 月 11 日	全国人大	第三条：全国人大及其常委会坚持中国共产党的领导	总则
	全国人大和地方各级人大选举法	2020 年 10 月 17 日	全国人大常委会	第二条：全国人大和地方各级人大代表的选举工作，坚持中国共产党的领导	总则
	村民委员会组织法	2018 年 12 月 29 日	全国人大常委会	第四条：中国共产党在农村的基层组织，按照中国共产党章程进行工作，发挥领导核心作用，领导和支持村民委员会行使职权	总则
	监察法	2018 年 3 月 20 日	全国人大	第二条：坚持中国共产党对国家监察工作的领导	总则
	立法法	2015 年 3 月 15 日	全国人大	第三条：立法应当坚持中国共产党的领导	总则
	工会法	2009 年 8 月 27 日	全国人大常委会	第四条：工会必须坚持中国共产党的领导	总则
	各级人大常委会监督法	2006 年 8 月 27 日	全国人大常委会	第三条：各级人大常委会行使监督职权，应当坚持中国共产党的领导	总则
	民族区域自治法	2001 年 2 月 28 日	全国人大常委会	民族自治地方的各族人民和全国人民一道，在中国共产党的领导下	序言

续表

类型	法律名称	发布时间	发布部门	条款内容	条款设置
涉及军事国防和国家安全的法律	兵役法	2021年8月20日	全国人大常委会	第四条：兵役工作坚持中国共产党的领导	总则
	军人地位和权益保障法	2021年6月10日	全国人大常委会	第五条：军人地位和权益保障工作，坚持中国共产党的领导	总则
	海警法	2021年1月22日	全国人大常委会	第四条：海上维权执法工作坚持中国共产党的领导	总则
	国防法	2020年12月26日	全国人大常委会	第二十一条：武装力量受中国共产党领导	具体章节
	退役军人保障法	2020年11月11日	全国人大常委会	第四条：退役军人保障工作坚持中国共产党的领导	总则
	生物安全法	2020年10月17日	全国人大常委会	第四条：坚持中国共产党对国家生物安全工作的领导	总则
	人民武装警察法	2020年6月20日	全国人大常委会	第三条：人民武装警察部队坚持中国共产党的绝对领导	总则
	密码法	2019年10月26日	全国人大常委会	第四条：坚持中国共产党对密码工作的领导	总则
	国家安全法	2015年7月1日	全国人大常委会	第四条：坚持中国共产党对国家安全工作的领导	总则
	反间谍法	2014年11月1日	全国人大常委会	第二条：反间谍工作坚持中央统一领导	总则
	现役军官法	2000年12月28日	全国人大常委会	第八条：军官必须具备下列基本条件……忠于中国共产党	具体章节

类型	法律名称	发布时间	发布部门	条款内容	条款设置
其他领域涉及『党的领导』的法律	安全生产法	2021年6月10日	全国人大常委会	第三条：安全生产工作坚持中国共产党的领导	总则
	教育法	2021年4月29日	全国人大	第三条：坚持中国共产党的领导发展教育事业	总则
	乡村振兴促进法	2021年4月29日	全国人大常委会	第四条：全面实施乡村振兴战略，应当坚持中国共产党的领导	总则
	档案法	2020年6月20日	全国人大常委会	第三条：坚持中国共产党对档案工作的领导	总则
	检察官法	2019年4月23日	全国人大常委会	第十二条：担任检察官必须具备下列条件：……拥护中国共产党领导	具体章节
	法官法	2019年4月23日	全国人大常委会	第十二条：担任法官必须具备下列条件……拥护中国共产党领导	具体章节
	高等教育法	2018年12月29日	全国人大常委会	第三十九条：中国共产党高等学校基层委员会按照中国共产党章程和有关规定，统一领导学校工作	具体章节
	公务员法	2018年12月29日	全国人大常委会	第四条：公务员制度坚持中国共产党领导	总则
	学位条例	2004年8月28日	全国人大常委会	第二条：凡是拥护中国共产党的领导……都可以按照本条例的规定申请相应的学位	

（二）国家法律涉及"党的领导"规定的主要类型

根据表 3-1 所示，涉及"党的领导"的法律类型主要有四种：一是作为国家根本大法的宪法。将"党的领导"载入宪法，使其从具体制度层面提升至根本制度层面，不仅确保党的领导具有更高的法律效力，而且可以更好地把党的领导贯穿于国家治理的方方面面，保证党和国家事业始终沿着正确的方向前进。① 二是宪法性法律，由宪法规定国家根本问题而由法律对其中某一个或者某一方面予以具体化的重要制度。其中包括国家机构运行、民族区域自治、基层群众自治、特别行政区建设、国家主权维护、公民权利保障②等方面的法律，即宪法性法律是"国家"法，是"权力"法和"权利"法。但鉴于"党的领导"首要凸显的是其所具有的政治属性，由此现行宪法性法律关于"党的领导"的规定主要集中于权力的产生、组织及运行方面。三是关涉军事国防、国家安全方面的法律。加强国防和军队建设是维护国家安全的坚强保障，此领域国家法律规定"党的领导"原则乃"党指挥枪"的重要制度保证。而中国作为这样一个规模庞大、成长波折、背景复杂的发展中国家，在当今世界格局发生急剧而又深刻变化的情况下可以成为世界上最具安全感的国家之一，创造与经济腾飞奇迹相媲美的中国"第二个奇迹"③，足以证明党在国家安全工作中发挥了不可替代的作用。故此领域的国家法律亦需融入"党的领导"原则。四是其他需要中国共产

---

① 江必新. 学习宪法修正案 推动宪法全面实施［J］. 法律适用，2018（9）：6.
② 李飞. 立法法与全国人大常委会的立法工作［EB/OL］. 中国人大网，2018-06-29.
③ 阎小骏. 中国何以稳定：来自田野的观察与思考［M］. 北京：中国社会科学出版社，2017：1-4.

党直接加强领导的法律。这一部分的法律规范对于"党的领导"目标实现亦起到重要作用，如党管干部、党管人才、党管意识形态、党管机构编制①等。

（三）国家法律涉及"党的领导"规定的待完善之处

梳理现行国家法律体系，在司法领域中对"党的领导"进行抽象规定的立法例仅限于《中华人民共和国法官法》《中华人民共和国检察官法》中关于法官、检察官任职条件的设置，且未明确载明"坚持中国共产党对国家司法工作的领导"，继而衍生的问题主要有两个：一是法律保障力度不足，不利于更加深入地从国法层面加强党对司法工作的集中统一领导。习近平总书记言道："坚持中国特色社会主义法治道路，最根本的是坚持中国共产党的领导。依法治国是我们党提出来的，把依法治国上升为党领导人民治理国家的基本方略也是我们党提出来的，而且党一直带领人民在实践中推进依法治国。"②"保证公正司法，提高司法公信力"作为全面推进依法治国的核心任务，坚持党对司法工作的绝对领导是确保司法工作不断取得新成就、获得新成长的根本保证。将党的领导融入司法领域国法之中，不仅是坚持和加强党领导全面依法治国的题中应有之义，更成为党领导司法工作的正当性依据及其所赋予的最直接的法律效力。但现行党的领导在司法领域法律规范中体现不足，较难为党集中统一领导司法工作予以更加坚定的法治保障，也不利于与《中国共产党政法工作条例》等党内法规共同发挥应有的党管司法作用。二是政治保障功能欠佳，不利于更加深入地通过国家立法表明党的

---

① 欧爱民，向嘉晨. 党的领导与中国法治特色 [J]. 理论视野，2020（4）：80.
② 中共中央文献研究室. 习近平关于全面依法治国论述摘编 [M]. 北京：中央文献出版社，2015：27.

路线方针政策对司法工作的引领。在我国，司法权作为国家权力的重要组成部分，司法作为全面推进依法治国伟大征程的关键环节，不同于西方主流国家标榜的将司法独立于政治的法治文化，司法以其人民性、政治性、法律性的鲜明特征①昭示其始终以政治逻辑主线为生存基础、发展背景、价值追求和动力源泉，任何超越政治的司法论断只不过是不切实际的幻境。而司法的政治属性，归根结底在于必须旗帜鲜明地坚持党对司法的全面领导。可以说，在司法工作的各个领域、各个方面自觉坚持党的领导，是中国特色社会主义司法事业的最大政治优势所在。② 所以，国家法律应当充分明确党对司法工作的领导，这样，才能充分发挥中国共产党对于司法工作的政治保障功能，才能充分体现出司法法治所具有的中国特色。

二、党内法规③涉及"党领导司法"规定的制度样态

（一）党内法规涉及"党领导司法"规定的基本情况

运用同样的检索方式，在检索框中分别输入"司法""政法""法院""审判""领导"等关键词，梳理出 40 部关于党领导司法的党内法规（其中未纳入党代会公报、报告及其审议通过的文件，中央纪律检查委员会会议公报及工作报告以及最高院、最高检单独制定的文件）。如表 3-2 所示。

---

① 张文显. 司法的实践理性［M］. 北京：法律出版社，2016：39-40.
② 公丕祥. 新时代中国司法现代化的理论指南［J］. 法商研究，2019，36（1）：4.
③ 为扩大检索范围，提升规律总结的科学性，笔者将此部分收集的党内法规文件，除《中国共产党党内法规制定条例》规定的党章等七种名称以外，还纳入了"通知""意见"等规范性文件。

表 3-2 涉及"党领导司法"的党内法规

类别	法规名称	发布时间	发布部门	条款内容
党章	《中国共产党章程》	2017 年 10 月 24 日	党代会	在"总纲"中提出党必须保证司法机关积极主动、独立负责、协调一致地工作
党的组织法规	《中国共产党地方委员会工作条例》	2015 年 12 月 25 日	中共中央	第五条规定党的地方委员会……支持和保证人大、政府、政协、法院、检察院、人民团体等依法依章程独立负责、协调一致地开展工作
党的领导法规	《关于加强社会主义法治文化建设的意见》	2021 年 4 月 5 日	中共中央办公厅、国务院办公厅	在"主要任务"中提出健全公正、高效、权威的司法制度
	《法治中国建设规划（2020—2025 年）》	2021 年 1 月 10 日	中共中央	①在建设法治中国"主要原则"中明确坚持党支持司法，确保方向正确 ②在建设法治实施体系中强调建设公正、高效、权威的司法制度需坚持和加强党对司法的绝对领导，并在司法职权配置、综合配套改革、司法责任制、刑诉民诉制度及执行体制改革等方面作出努力 ③在建设法治监督体系中强调加强对司法活动的监督，包括健全司法办案监督制约制度及司法内部人员过问案件追责制度、构建司法责任认定追究制度、完善司法人员惩戒制度，进而保证司法权依法正确行使 ④在建设法治保障体系中要求党委和领导干部支持司法工作及依法独立公正行使职权 ⑤为加强党对法治中国建设的集中统一领导，需完善党领导司法机关制度

续表

类别	法规名称	发布时间	发布部门	条款内容
党的领导法规	《法治政府建设与责任落实督察工作规定》	2019年4月15日	中共中央办公厅、国务院办公厅	第九条规定政府部门履行法治政府主体职责包括对司法权威的维护，支持法院依法受理和审理行政案件
	《中国共产党政法工作条例》	2019年1月13日	中共中央	①在"总则"第一条、第五条、第六条的立规目的、主要任务及基本原则中均规定坚持党对政法工作的绝对领导 ②第七条至第十六条中再次重申坚持党对政法工作的绝对领导，并明确党委及政法委领导的主体职责 ③在第十七条至第三十九条中聚焦"谁来领导、领导什么、怎样领导"问题，进行重大事项请示报告、决策执行、监督责任等制度设计
	《关于积极推进省以下人民法院内设机构改革工作的通知》	2018年5月25日	中央编委办公室、最高院	推进审判权运行机制改革，落实办案主体地位
	《社会主义核心价值观融入法治建设立法修法规划》	2018年5月7日	中共中央	推进司法体制改革，完善司法管理体制和司法权力运行机制
	《深化党和国家机构改革方案》	2018年3月21日	中共中央	为加强党对政法工作的集中统一领导和统筹协调，将有关职责交由中央政法委员会承担

类别	法规名称	发布时间	发布部门	条款内容
党的领导法规	《关于进一步把社会主义核心价值观融入法治建设的指导意见》	2016 年 12 月 25 日	中共中央办公厅、国务院办公厅	①深化司法体制改革，确保依法独立公正行使司法权②严格落实司法责任制，建立健全履行法定职责保护机制，严禁领导干部干预司法、插手案件处理，加强对司法活动的监督
	《党政主要负责人履行推进法治建设第一责任人职责规定》	2016 年 11 月 30 日	中共中央办公厅、国务院办公厅	第五条规定党委主要负责人在法治建设中需履行支持司法机关依法依章程开展工作，不得违规干预司法、插手案件处理的职责
	《关于完善产权保护制度依法保护产权的意见》	2016 年 11 月 4 日	中共中央、国务院	严禁党政干部干预司法活动、介入司法纠纷、插手具体案件处理
	《保护司法人员依法履行法定职责规定》	2016 年 7 月 21 日	中共中央办公厅、国务院办公厅	第二条规定司法人员办案不受行政机关、社会团体和个人干涉，有权拒绝有碍司法公正的要求
	《法治政府建设实施纲要（2015—2020 年）》	2015 年 12 月 23 日	中共中央	要求党政机关和领导干部支持行政执法机关依法公正行使职权
	《关于制定国民经济和社会发展第十三个五年规划的建议》	2015 年 10 月 29 日	中共中央	深化司法体制改革，监督司法权力，保障人民权利
	《关于建立律师参与化解和代理涉法涉诉信访案件制度的意见（试行）》	2015 年 6 月 8 日	中央政法委	党委政法委加强对涉法涉诉信访案件工作的领导

续表

类别	法规名称	发布时间	发布部门	条款内容
党的领导法规	《关于加强社会治安防控体系建设的意见》	2015年4月13日	中共中央办公厅、国务院办公厅	深化司法体制改革，建设公正高效权威司法制度
	《关于贯彻落实党的十八届四中全会决定进一步深化司法体制和社会体制改革的实施方案》	2015年4月9日	中共中央办公厅、国务院办公厅	进一步深化司法体制改革必须遵循的首要原则即是在党的统一领导下
	《关于创新群众工作方法解决信访突出问题的意见》	2013年12月20日	中共中央办公厅、国务院办公厅	①深化司法体制改革②健全错案责任追究制度，实行办案质量终身负责制
	《关于切实防止冤假错案的规定》	2013年8月12日	中央政法委	要求党委政法委支持司法机关依法独立公正行使司法权
	《中国人民解放军政治工作条例（节选）》	2010年8月9日	中共中央、中央军委	贯彻执行党领导政法工作各项制度，建立健全政法工作领导体系、政策法规制度
	《关于进一步加强和改进舆论监督工作的意见》	2005年4月5日	中共中央办公厅	要求广大新闻工作者不得干扰和妨碍政法机关依法办案
	《关于严禁以扣押人质解决经济纠纷的通知》	1994年9月12日	中央政法委	要求把制止检察部门插手经济纠纷问题提高到反腐、维护党和政府形象、密切党和群众联系的高度来认识
	《关于抓紧复查处理政法机关经办的冤假错案的通知》	1986年5月24日	中组部、统战部、最高院、最高检、公安部、司法部	要求政法部门在复查平反冤假错案工作中要依靠党委，积极主动请示汇报

续表

类别	法规名称	发布时间	发布部门	条款内容
党的自身建设法规	《关于加强党的政治建设的意见》	2019年1月31日	中共中央	审判机关、检察机关本质上都是政治机关，旗帜鲜明讲政治是应尽之责
	《建立健全惩治和预防腐败体系2013—2017年工作规划》	2013年12月25日	中共中央	①深化司法体制改革 ②加强法律监督，保证审判机关依法独立公正开展行政审判活动
	《关于加大惩治和预防渎职侵权违法犯罪工作力度的若干意见》	2011年1月1日	中纪委、中政委、中组部	司法机关要坚持党的领导，围绕党的路线方针政策和重大工作部署开展工作，主动向党委汇报工作及困难问题，坚持党内请示报告制度，依靠党委排除干扰阻力
	《建立健全惩治和预防腐败体系2008—2012年工作规划》	2008年5月13日	中共中央	①强化司法机关内外部监督 ②推进司法体制改革，优化司法职权配置，健全责任追究制度，改革司法管理制度和司法财政保障机制 ③支持法院依法办理行政案件
	《建立健全教育、制度、监督并重的惩治和预防腐败体系实施纲要》	2005年1月3日	中共中央	①推进司法体制改革。完善司法机构设置、职权划分和管理制度，保障司法机关依法独立公正行使司法权 ②健全司法责任追究制度 ③加强对司法工作的监督
	《关于政法部门严肃财经纪律严格执法的通知》	1993年10月18日	中央政法委	要求党政领导要支持政法部门依法行使职权，不得指使、怂恿、利用政法部门搞地方保护主义

类别	法规名称	发布时间	发布部门	条款内容
党的自身建设法规	《关于清理党政干部违纪违法建私房和用公款超标准装修住房的报告》	1990 年 7 月 12 日	中纪委	司法机关要在党委和政府的统一领导和部署下发挥效能
党的监督保障法规	《关于加强新时代检察机关法律监督工作的意见》	2021 年 6 月 15 日	中共中央	①强化内部监督，严格执行干预司法记录、通报和责任追究等规定 ②深化司法责任制综合配套改革 ③公检法三机关分工负责、互相配合、互相制约
	《关于加强对"一把手"和领导班子监督的意见》	2021 年 3 月 27 日	中共中央	对领导班子成员违规干预司法的，受请托人应当及时向所在部门和单位党组织报告
	《关于加强司法权力运行监督管理的意见》	2019 年 3 月 15 日	中政委、最高院、最高检	①严格落实不当干预司法追责规定 ②明确法院院庭长监督管理权限，履行排除案外因素干扰审判的监督管理职责，保障审判组织依法独立行使职权
	《中国共产党纪律处分条例》	2018 年 10 月 1 日	中共中央	第一百二十七条对党员领导干部不当干预和插手司法活动的行为给予党纪处分
	《中国共产党党内监督条例》	2016 年 10 月 27 日	中共中央	第二十五条规定建立健全插手干预重大事项记录制度，发现利用职务便利违规干预司法活动等问题及时报告

类别	法规名称	发布时间	发布部门	条款内容
党的监督保障法规	《党政领导干部生态环境损害责任追究办法（试行）》	2015年8月9日	中共中央办公厅、国务院办公厅	规定党政领导干部存在干预司法活动、插手生态环境和资源方面案件处理的行为应当追究其责任
	《司法机关内部人员过问案件的记录和责任追究规定》	2015年3月29日	中央政法委	①要求办案人员应拒绝内部人员干预等不当要求②建立过问案件记录、通报、责任追究制度③规定不当干预办案的调查处理职责与程序
	《领导干部干预司法活动、插手具体案件处理的记录、通报和责任追究规定》	2015年3月18日	中共中央办公厅、国务院办公厅	建立不当干预司法记录、通报和责任追究制度
	《中央党内法规制定工作五年规划纲要（2013—2017年）》	2013年11月	中共中央	①规范党组工作制度，确保党组既支持司法机关依法依章程独立开展工作，又发挥党组在其中的领导核心作用②加强和改善党对政法工作的领导，积极推进司法体制改革，完善党领导政法工作体制机制

（二）党内法规涉及"党领导司法"规定的主要内容

根据表3-2所示，涉及"党管司法"的党内法规范围涵盖了党章、党的组织法规、党的领导法规、党的自身建设法规、党的监督保障法规五大制度板块，主要内容有四方面：一是坚持和加强党对司法工作的领导。党内法规作为法治体系的重要组成部分有着深厚的历史渊源和独特的制度价值。在国法不宜对司法工作进行过于细化、具体规范的党的领导范畴内，党内法规自觉承担起规范司法机关活动和司法人员行为的重任，从而保证司法工作始终沿着正确的政治方向开展，化解司法建设既要维护权威，又要制约权威的实践难题。二是改革和完善党对司法工作的领导方式。中国共产党作为国家和人民的领导党与执掌国家政权的执政党，党的领导是政治上、思想上、组织上的宏观领导，而非事无巨细的微观领导；是通过法定方式、正当程序对国家政权组织实施的间接领导，而非毫无界限的直接领导。不断改进党的领导方式，尊重和支持司法机关依法行使国家权力，是中国共产党兼具领导党和执政党双重属性的实践映照。三是充分保障依法独立公正行使司法权。坚持党对司法工作的全面领导不只是政治纲领和战略部署，还要有实实在在的抓手，即必须具体体现在党支持司法和党对公正司法的集中统一领导上，尤为关键的是科学构建党的领导与依法独立公正行使司法权的关系。上述样本文件表明，为确保司法机关依法独立行使职权，在诸多党内法规中细举"健全公正高效权威的司法制度""深化推进司法体制改革""严格落实司法责任制""加强对司法的监督"等一系列重要的决策部署，这对于促进司法公正、维护司法权威将起到极为重要的推动作用。四是着力解决违法违规干预司法的问题。为确保司法机关依法独立行使职权，需要着力解决不当干预司法的问题。对此，现行党内法规文件结合干预司法的具体实际制定了相应配套的党内法规或在相关党内法规中予以规范，这对于贯彻司法改革要求，落实宪法法律规定，排除违法干预司法行为具有十分重要的意义。

（三）党内法规涉及"党领导司法"规定的待完善之处

现行党内法规的制度设计尚未完全满足具体司法实践的现实需要，

主要有三个问题：一是存在党内法规内部衔接协调不当的问题。党对司法工作的领导形成了党内法规和其他规范性文件并存，党内的综合性法规、政法专门规定和其他工作中涉及司法机关的规定在司法领域交错的局面，这要求在综括司法领域现行有效的党内制度规范的基础上，按照层级效力、规范程度等明确其体系框架和内在结构。二是存在党内法规细化程度不够的问题。虽然 2019 年颁布的《中国共产党政法工作条例》作为建党以来政法战线第一部党内法规，在加强党对政法工作集中统一领导的同时，亦明确了"党管政法"的"上下左右"关系，开启政法领域形成完备的党内法规体系的全新征程。但是该条例具有很强的原则性和概括性，若要将其落实落地，仍需制定一系列与之相配套的法规，着力解决司法职权配置失衡、不当干预协调案件、司法决策行政化等司法实践典型问题。三是存在党规国法契合性不足的问题。从实际情况来看，司法领域党内法规与国家法律之间存在一定的不相协调、不相衔接之处。比如，对于同样的不当干预司法行为，根据《人民法院工作人员处分条例》的规定，将给予警告、记过或记大过处分；情节较重的，给予降级或撤职处分；情节严重的，给予开除处分。而《中国共产党纪律处分条例》则规定情节较轻的，给予严重警告处分；情节较重的，给予撤销党内职务或留党察看处分；情节严重的，给予开除党籍处分。这说明国家法律对于这一行为的追究相对柔性和缓，而党内法规的要求则更为刚性强硬。那么针对此问题的党规国法规定不一致如何处理以及对于相关人员进行责任追究时如何加以适用，有待斟酌和考量。再如，根据《党政主要负责人履行推进法治建设第一责任人职责规定》，政府主要负责人在推进法治建设中需履行支持并尊重司法的主体责任，而《中华人民共和国地方各级人民代表大会和地方各级人民政府组织法》在规定县级以上地方人民政府应履行的职权中并没有与此相关的内容。还有在《关于进一步加强和改进舆论监督工作的意见》中要求广大新闻工作者不得干扰和妨碍政法机关依法办案，这里又涉及党内法规的"溢出效应"问题。

三、司法裁判中党内法规的具体适用

就功能作用而言，党内法规作为治国理政依据、依法执政遵循和中国特色社会主义法治规范形态①，具有对外效应日益显现的现实基础。特别是在党政机构合并合署改革的新时代法治大背景下，党内法规对国家机构的影响变得更加直接，不仅成为一部分机构运行的主要准则，而且也成为人民法院司法判决的重要依据。截至 2021 年 12 月 31 日，在中国裁判文书网上以"党内法规""党规""党纪"为关键词搜索，共计得到 9534 份裁判文书②；而以具体的中央和部委党内法规名称③为关键词搜索，共计得到近 5000 份裁判文书。以上数据表明，党内法规在司法领域得到日益广泛的适用。

（一）司法裁判适用党内法规的基本情况

虽然司法裁判是一个具体过程，但是司法所具有的强制规范、价值评判和教育引导功能将由司法裁判文书所承载。社会公众通过司法裁判将文本中的法律与现实中的法律联结一起，从而对自身行为做出明确的预期与清晰的判断。所以从这一层面来透视党内法规与司法裁判的关

---

① 王伟国. 党内法规在习近平法治思想中的定位［N］. 中国社会科学报，2021-11-17（8）.
② 其中以"党内法规"为关键词搜索到的裁判文书 63 份；以"党规"为关键词搜索到的裁判文书 139 份；以"党纪"为关键词搜索到的裁判文书 9341 份。
③ 涵盖党章、准则、条例、规定、办法、规则、细则 7 类名称。

系，将有利于科学把握司法裁判适用党内法规的合法性、合理性与必要性。为了能够更加深入地观察党内法规在司法实践中的具体运用情况，本文主要考察司法裁判文书中党内法规的适用方式，并基于以下四方面因素进行研究对象的选取工作：第一，党规文本选取的针对性。根据2019年新修订的《中国共产党党内法规制定条例》（以下简称《制定条例》），党内法规主要包括中央党内法规、部委党内法规和地方党内法规三大类。① 截至2021年7月1日，这三类现行有效党内法规共计3615部，其中地方党内法规高达3241部。② 鉴于党内法规数量过于庞大，加之因保密等工作要求，地方党内法规文件收集较难，故本书将党内法规限定于中央和部委党内法规两类。第二，党规文本收集的广泛性。为了选取到最有利于分析党内司法法规适用样态的司法裁判文书样本，需要确保研究资料的丰富。但因目前尚无收录全部现行有效的党内法规文献，笔者选取中央和部委党内法规文件的途径主要有二：一是《中国共产党党内法规汇编》《中国共产党党内法规选编》等权威资料文献；二是共产党员网内"党章党规"栏目、北大法宝数据库等网络渠道。经过检索，最终确定了258部现行有效且公开发布的党内法规。其中党章1部，准则3部，条例43部，规定132部，办法71部，规则4部，细则4部。第三，研究样本筛选的抽样性。笔者以前述258部党内法规的具体文件名称为关键词在中国裁判文书网进行检索，截至2021年12月31日共收集到裁判文书4132份。鉴于以条例、规定、办

---

① 《中国共产党党内法规制定条例》第三条规定："党的中央组织，中央纪律检查委员会以及党中央工作机关和省、自治区、直辖市党委制定的体现党的统一意志、规范党的领导和党的建设活动、依靠党的纪律保证实施的专门规章制度。"

② 中国共产党党内法规体系［N］. 人民日报，2021-08-04（1）.

法的具体文件名称为关键词检索到裁判文书较多，为了简化研究，笔者将以党章、准则、规则、细则的具体文件名称为关键词检索到的全部裁判文书，在条例、规定、办法中各选择一部能够检索到裁判文书数量最多的文件，即本文筛选出来的研究样本为以《中国共产党章程》《关于新形势下党内政治生活的若干准则》《中国共产党廉洁自律准则》《关于党内政治生活的若干准则》《中国共产党纪律处分条例》①《中共中央、国务院关于进一步制止党政机关和党政干部经商、办企业的规定》《信访工作责任制实施办法》《纪检监察机关处理检举控告工作规则》《中央和国家机关党小组工作规则（试行）》《中国共产党纪律检查机关监督执纪工作规则》《中国共产党党委（党组）理论学习中心组学习规则》《关于组织人事部门对领导干部进行提醒、函询和诫勉的实施细则》《党政主要领导干部和国有企业领导人员经济责任审计规定实施细则》《中国共产党发展党员工作细则》《中国共产党纪律检查机关案件检查工作条例实施细则》为关键词检索到的裁判文书共计 1050 份。第四，研究样本确定的精准性。经过对 1050 份裁判文书进行细致甄别，以下类型的样本被剔除：一是裁判文书在认定案件事实部分虽出现党内法规文件字样，但是陈述事实而与案件争议焦点无关的文书；二是二审（再审）案件裁判文书中所含有的党内法规文件字样是当事人对原审内容的重复表述或原审文书当事人诉称、原审法院认定事实载明和原审判决论述援引而二审（再审）未对其作出评判的文书；三是裁判文书虽

---

① 截至 2021 年 12 月 31 日，以《党政机关公文处理工作条例》为关键词在中国裁判文书网上检索到的裁判文书共计 1308 份，因该网站仅显示前 600 份文书，为保证研究结果的客观性，笔者在"条例"部分选择了裁判文书数量第二多的《中国共产党纪律处分条例》。

出现党内法规文件字样，但实际上是近年来一些与中国共产党政策、方针、历史、执政制度相关的书籍出版而引发的著作权归属、版权争议类案件的文书；四是仅当事人不同而案情完全一致的重复文书；五是其他与党内法规无关的文书。由此，本书最终确定的研究样本为304份裁判文书，所做统计分析如下所述。

1. 司法裁判适用党内法规的案件类型

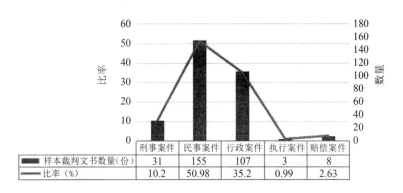

	刑事案件	民事案件	行政案件	执行案件	赔偿案件
样本裁判文书数量（份）	31	155	107	3	8
比率（%）	10.2	50.98	35.2	0.99	2.63

图3-1　司法裁判适用党内法规的案件类型分布

图3-1是对司法裁判适用党内法规的案件类型所进行的统计分析。从图3-1中可以看出，司法裁判适用党内法规较多的案件类型是民事案件、行政案件和刑事案件，其中在民事案件中适用党内法规的比率达到50.98%，占据了司法裁判适用党内法规案由中的"半壁江山"，而执行案件和赔偿案件仅仅是略有涉及。即便笔者在选取样本案件时，只是在条例、规定和办法中各自选择一部对应搜索裁判文书数量最多的文件，但仍能看到，相对于我国庞大的裁判文书总量①而言，在司法裁判中适用党内法规的裁判文书数量是少之又少。可以说，虽然党内法规在我国

---

① 中国裁判文书网的统计显示，仅2021年一年的裁判文书数量就为16031129份。

司法实践中的影响力逐渐扩大，实际效用逐渐增强，但到目前，党内法规尚未完全融入司法领域之中。

2. 司法裁判适用党内法规的法院层级

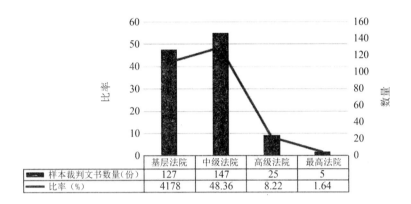

	基层法院	中级法院	高级法院	最高法院
■ 样本裁判文书数量（份）	127	147	25	5
— 比率（%）	4178	48.36	8.22	1.64

图 3-2　司法裁判适用党内法规的法院层级分布

图 3-2 是对司法裁判适用党内法规的法院层级所进行的统计分析。从图 3-2 中可以看出，基层人民法院和中级人民法院是在司法裁判中适用党内法规较多的法院，其适用比率分别为 48.36% 和 41.78%，而高级人民法院和最高人民法院适用党内法规的样本裁判文书则相对较少。主要原因在于我国实行两审终审的审级制度，且根据法律规定绝大多数案件均由中基层法院管辖，使得基层人民法院和中级人民法院成为司法裁判的主体，在具体的司法实践中获得更多适用党内法规的机会，由此产生的裁判文书数量也就最多。因绝大多数案件在中基层法院得到消化，高级人民法院受理的案件数量自然相对较少，适用党内法规作出裁判的文书也就较少。而最高人民法院作为"政策性"法院，其主要功能并非审理案件，而是通过制定司法文件、出台司法解释和颁布指导性案例，将党和国家的政策转化为具体的司法政策并切实有效地运用于司法

审判过程，故其适用党内法规作出裁判的文书数量亦较少。

3. 司法裁判适用党内法规的时间分布

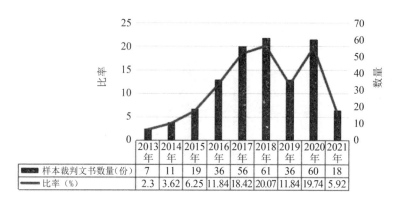

	2013年	2014年	2015年	2016年	2017年	2018年	2019年	2020年	2021年
样本裁判文书数量（份）	7	11	19	36	56	61	36	60	18
比率（%）	2.3	3.62	6.25	11.84	18.42	20.07	11.84	19.74	5.92

图 3-3　司法裁判适用党内法规的时间分布

图 3-3 是对司法裁判适用党内法规的时间分布所进行的统计分析。从图 3-3 中可以看出，2013—2018 年，适用党内法规的司法裁判文书数量呈逐年上升态势，虽然 2019 年和 2021 年稍有回落，但并不影响党内法规司法适用的整体趋势。其中 2018 年是司法裁判适用党内法规的高峰，样本裁判文书数量占总体样本数量的 20.07%；然后是 2020 年，占比 19.74%；2017 年占比 18.42%。这表明，党内法规在司法裁判中的适用与年份并无显著关联性。自党的十八大以来，在党内法规制度建设驶入快速发展轨道的大背景下，党内法规成为理论界和实务界的法治"热词"，特别是在党的十八届四中全会将形成的完善党内法规体系一并纳入中国特色社会主义法治体系后，党内法规和国家法律在司法领域的衔接协调上很大程度表现为司法裁判对党内法规的具体适用。

4. 司法裁判适用党内法规的地域分布

图 3-4 是对司法裁判适用党内法规的地域分布所进行的统计分析。

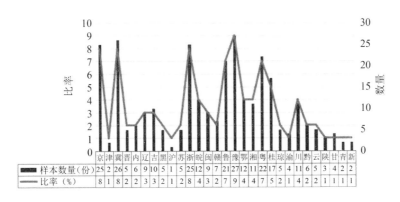

图 3-4　司法裁判适用党内法规的地域分布

从图 3-4 中可以看出，在我国（港澳台地区未统计在内）除宁夏回族自治区与西藏自治区目前暂未出现适用党内法规的司法裁判文书以外，其他各个省级行政区人民法院均有适用党内法规的司法裁判。在 304 件样本文书中，除了 5 起为最高人民法院适用党内法规的案件以外，其余 299 件文书均散发在各个省级地域。其中数量最多的省份为河南省，占比 9%，河北省、浙江省、北京市的数量与河南省相差无几，均占比 8%。若按照东、中、西部省份划分，东部地区省级行政区人民法院适用党内法规的样本裁判文书共计 150 份，占比 50.17%；中部地区省级行政区人民法院适用党内法规的样本裁判文书共计 89 份，占比 29.77%；西部地区省级行政区法院适用党内法规的样本裁判文书共计 60 份，占比 20.06%。①

————————

① 其中东部地区包括北京、天津、河北、辽宁、上海、江苏、浙江、福建、山东、广东、海南 11 个省（市）；中部地区包括山西、吉林、黑龙江、安徽、江西、河南、湖北、湖南 8 个省（市）；西部地区包括四川、重庆、贵州、云南、西藏、陕西、甘肃、青海、宁夏、新疆、广西、内蒙古 12 个省（区、市）。

运用党内法规司法适用率①对各省级地域党内法规的司法适用分布规律进行再次说明。笔者在中国裁判文书网上统计出各省（区、市）的案件总数②，并以该数据为基础，计算出东、中、西部省份的党内法规司法适用率：

$$东部地区 = 150/59950176 = 2.50$$

$$中部地区 = 89/37440068 = 2.38$$

$$西部地区 = 60/31879965 = 1.88$$

由此可以说明：第一，无论是统计党内法规司法适用的省份，还是统计党内法规司法适用率，在司法裁判中适用党内法规的案件更多产生于东部地区；第二，从某种程度上来说，在司法裁判中适用党内法规已经得到全国各级人民法院的普遍认可，因而学界深入研究党内法规融入司法裁判的制度进路具有必要性和可行性。

（二）司法裁判适用党内法规的程序方法

虽然党内法规在司法裁判中得到日益广泛的适用，但仍有部分学者及社会公众出于党内法规不是法的考虑而否定党内法规的司法适用，抑或将党内法规在司法适用过程中作为一种值得关注的考量因素。也就是

---

① 党内法规司法适用率＝适用党内法规的司法案件数量除以案件总数。

② 笔者于 2022 年 6 月 21 日登录中国裁判文书网统计 2013 年 1 月 1 日至 2021 年 12 月 31 日的裁判文书总量。其中东部地区：北京 3696787 份；天津 1917783 份；河北 5252815 份；辽宁 5929867 份；上海 3829230 份；江苏 8059755 份；浙江 8406246 份；福建 4300752 份；山东 9523072 份；广东 8659593 份；海南 374276 份。中部地区：山西 2200280 份；吉林 3423132 份；黑龙江 3186762 份；安徽 6332186 份；江西 2961187 份；河南 9402614 份；湖北 4248559 份；湖南 5685348 份。西部地区：四川 6983653 份；重庆 3573281 份；贵州 2538804 份；云南 3911887 份；西藏 108549 份；陕西 3943819 份；甘肃 1720764 份；青海 555264 份；宁夏 940123 份；新疆 1723388 份；广西 3220024 份；内蒙古 2660409 份。

说，基于对党内法规属性的不同理解，目前尚未在认知党内法规方面达成共识。特别是在更加专业的司法领域，适用党内法规需要受到司法程序的严格约束，即是否或能否适用党内法规，适用党内法规的目的如何，在何种条件下适用党内法规等。若要妥善回答这些问题，则需对党内法规进入司法裁判的程序和方法进行考察与分析。

1. 司法裁判适用党内法规的程序分布

表3-3 党内法规在审理程序上的适用与司法裁判中党内法规的提供主体

		司法裁判适用党内法规的程序分布						合计
		一审程序	二审程序	再审程序	执行程序	赔偿程序	数量（份）	党内法规提供主体中的占比（%）
党内法规提供主体	当事人提供	114	93	12	3	7	229	75.33
	公诉机关提供	4	1	0	0	0	5	1.64
	法院提供	29	25	4	0	1	59	19.41
	混合提供	5	5	1	0	0	11	3.62
合计	数量（份）	152	124	17	3	8	304	
	司法裁判适用党内法规程序中的占比（%）	50	40.79	5.59	0.99	2.63		100

表3-3是对司法裁判适用党内法规的程序分布及司法裁判中党内法规的提供主体所进行的统计分析。从表3-3中可以看出，一审案件和二审案件是适用党内法规的主要程序，其中一审程序占样本文书的50%，二审程序占样本文书的40.79%，二者合计达90%以上。此外，在再审程序、执行程序与赔偿程序中也有适用党内法规的案件存在，只是所占

比例较小，三者合计不足 10%。由此可以说明：第一，党内法规在司法裁判中的适用并不存在程序的限制，各个诉讼阶段均有党内法规适用的身影，也可以说党内法规可以被各个司法程序所包容，因而党内法规与国家法律一样具有司法适用的现实基础；第二，虽然党内法规和国家法律在国家和社会治理中的功能和作用机制有所区别，但是党内法规制度和国家法律制度在价值指向上是一致的，党内法规在司法领域中的适用并不排斥法律程序，因而能够在各个司法程序和阶段中得以适用；第三，党内法规的司法适用不仅符合中国法治实际，而且可以作为行为性质的评价标准，因而在各个司法程序中易被适用。

同时，从该表中还可以看出，在 304 份样本裁判文书中，有 229 份是当事人提出与党内法规相关意见的裁判文书，占比 75.33%；法院主动适用党内法规的案件较少，占比 19.41%；公诉机关提出党内法规的情况是在刑事案件中作为诉讼证据使用，所占比例最少，为 1.64%；此外还有一种情形是当事人和法官在同一案件中均提出了党内法规意见，笔者将这种情形的提供主体称之为混合主体，占比 3.62%。由此可以说明：第一，当事人提供党内法规的案件所占比例最高，说明党内法规已经逐渐深入人心，当事人对党内法规的功能和作用具有较高期待，希望通过党内法规证明自己的观点，主张自己的权益并影响法官的判断；第二，虽然法官主动适用党内法规裁判案件的情形相对较少，但从现有适用的案例情况来看，党内法规能够成为法官在司法裁判中判断当事人权利是否合理行使、义务是否真实履行、责任是否妥善承担的重要依据；第三，在样本裁判文书中还存在部分当事人和法官共同提供党内法规的情形，这说明无论是诉讼当事人还是人民法院的法官均可作为党内法规的提供主体，只是各个提供主体之间最终能够影响、推动法官采纳适用党内法规的作用有一定差别。

2. 司法裁判中党内法规的适用目的

表3-4　司法裁判中党内法规的适用目的

		党内法规适用目的							合计
		判断受案范围	判断主体适格	判断行为性质	作为证据材料	作为请求依据	作为说理依据	其他情况	
法院适用党内法规的目的①	数量（份）	16	1	10	0	0	43	0	70
	法院适用目的中的占比（%）	22.86	1.42	14.29	0	0	61.43	0	100

表3-4是对司法裁判中党内法规的适用目的所进行的统计分析。从该表中可以看出，法院适用党内法规的目的主要存在作为说理依据、判断受案范围、判断行为性质、判断主体适格四种情形，分别占比61.43%、22.86%、14.29%和1.42%。其中，作为说理依据，主要表现为"依据……""符合……""参照……"等的正向适用。如在鲁04民再45号再审申请人孟某某与被申请人山亭区民政局及一审被告靳玉田、山亭区福利公司民间借贷纠纷一案中，法院认为："根据《关于进一步制止党政机关和党政干部经商、办企业的规定》，在山亭区福利公司停办后，山亭区民政局对该公司负有清理义务，山亭区民政局长期未履行

---

① 鉴于样本裁判文书中含有11份当事人和法院混合提供党内法规文件的文书，故在统计适用党内法规目的时，将这11份混合提供党内法规文件的文书视为22份，即此表格的统计基数为315份裁判文书。

清理义务造成企业自有资产不足以清偿对外债务,该局应承担清偿责任。"① 在绍越商初字第 2607 号原告虞某某为与被告绍兴市体育局保证合同纠纷一案中,法院认为:"参照《关于进一步制止党政机关和党政干部经商、办企业的规定》,绍兴市体育局没有依法对绍兴市游泳健身中心的债务进行清理,其应对债务承担连带清偿责任。"② 还包括"违反……"等的反向适用。如在赵民二初字第 00195 号原告赵某某与被告赵县教育局、育才公司买卖合同纠纷一案中,法院认为:"赵县教育局开办育才教育服务有限公司违反《关于进一步制止党政机关和党政干部经商、办企业的规定》,赵县教育局对其开办育才公司的行为存在过错,对公司开办期间的债务应承担民事责任。"③ 判断受案范围主要集中在民事和行政案件中运用党内法规判断该案件是否符合法院的审理范围。如在皖 02 行终 117 号上诉人安徽省杰来裕溪港务有限公司与被上诉人芜湖市鸠江区沈巷镇人民政府环保行政强制一案中,法院认为:"根据《中国共产党章程》规定,基层党组织不直接对外行使行政管理。对党的基层组织行为是否违纪,不属于行政诉讼的审理范围。"④ 判断行为性质均体现在刑事案件中法院适用党内法规判断被告人的行为是属于纪律处分的范畴还是构成刑事犯罪。由此可见,党内法规并没有固定、统一的适用方式,法官既可以主动适用党内法规解决案件争议焦点问题,也可在当事人提出党内法规意见后对其意见予以评判。

   3. 司法裁判中适用党内法规的法院态度

---

① 山东省枣庄市中级人民法院(2020)鲁 04 民再 45 号民事判决书。
② 浙江省绍兴市越城区人民法院(2014)绍越商初字第 2607 号民事判决书。
③ 河北省赵县人民法院(2015)赵民二初字第 00195 号民事判决书。
④ 安徽省芜湖市中级人民法院(2018)皖 02 行终 117 号行政裁定书。

表3-5 司法裁判中适用党内法规的法院态度

当事人（含公诉机关）提出党内法规			司法裁判中适用党内法规的法院态度			
			否定	支持	未明确	合计
数量（份）			187	41	6	234
	具体理由	不属于受案范围	57			
		没有事实和法律依据	92			
		主体资格不适格	9			
		证据问题	14			
		不符合时效规定	5			
		其他问题	10			
当事人（含公诉机关）提出党内法规中的占比（%）			79.91	17.52	2.57	100
	具体理由	不属于受案范围	24.36			
		没有事实和法律依据	39.32			
		主体资格不适格	3.85			
		证据问题	5.98			
		不符合时效规定	2.14			
		其他问题	4.26			

续表

表　司法裁判中适用党内法规的法院态度

法院适用党内法规		否定		支持	未明确	合计
			具体理由			
数量（份）		47	不属于受案范围 13 没有事实和法律依据 31 主体资格不适格 1 二审否定一审结论 1 其他问题 1	12	0	59
法院适用党内法规中的占比（%）		79.66	不属于受案范围 22.04 没有事实和法律依据 52.55 主体资格不适格 1.69 二审否定一审结论 1.69 其他问题 1.69	20.34	0	100

续表

项目	指标	司法裁判中适用党内法规的法院态度					合计
		否定	具体理由		支持	未明确	
混合适用党内法规	数量（份）	6	不属于受案范围	1	5	0	11
			没有事实和法律依据	4			
			证据问题	1			
	混合适用党内法规中的占比（%）	54.55		9.09	45.45		100
				36.37			
				9.09			
合计	数量（份）	240			58	6	304
	适用党内法规的法院态度中的占比（%）	78.95			19.08	1.97	100

表 3-5 是对司法裁判中适用党内法规的法院态度所进行的统计分析。从表 3-5 中可以看出，在 304 份样本裁判文书中，有 240 份是法院对当事人意见持否定态度的文书，占比高达 78.95%，主要理由有"没有事实和法律依据""不属于受案范围""主体资格不适格""证据问题""不符合时效规定"等几种情况，其中多以"没有事实和法律依据"为主。结合样本文书来看，一方面在于绝大多数当事人或其诉讼代理人、辩护律师提出适用党内法规的意见，但一般并不将其作为真正与其诉讼请求高度相关的案件争议焦点，而只是作为其他争议焦点的辅助意见存在，故而在表达自身观点时较为泛化，其中包含诸多缺乏逻辑推理的假设和心理情绪上的助推。在这种情况下，法院或是会忽略当事人提出的党内法规意见或是因该意见不具法律规范性而予以驳斥。另一方面在于部分人民法院对待党内法规的问题相对保守和谨慎，在严格尊崇党纪和国法是"两种不同性质的行为规范"① 的前提下，认为党内法规并非有效法源，不应适用；同时，由于缺乏党内法规司法适用的相应标准和制度支撑，致使当事人提出党内法规意见以及人民法院具体适用党内法规面临着重重障碍，既难以把握适用的必要性，又难以衡量适用到何种程度才是适宜、恰当且充分的。从表 3-5 中还可以看出的是，法院是否适用党内法规与法院对待当事人提出党内法规意见是否持支持态度呈正相关关系。在当事人提出党内法规意见或法院主动适用党内法规这种单向运用党内法规的样本文书中，法院持否定态度均占比近80%，而在混合提出党内法规这种双向运用党内法规的样本文书中，法院的支持与否定态度基本相当，也就是说，法院如果适用党内法规对当事人的党

---

① 李茂管 . "以法治党"的提法不妥 [J]. 学术交流，1987（1）：64.

108

内法规意见予以回应，那么法院采纳适用党内法规的比率就高；法院如果没有适用党内法规对当事人的党内法规意见予以回应，那么法院采纳适用党内法规的比率就低。应当说，在当前党内法规和国家法律并轨而行、同向发展的形势下，法官如何认真对待当事人关于党内法规的意见以及其自身如何妥善适用党内法规，对于促进党内法规在司法裁判中的良性适用具有重要意义。

（三）司法裁判适用党内法规的现实问题

如上所述，从上述实证分析来看，党内法规的采纳运用与案件类型、法院层级、实践地域等基本情况和诉讼程序、提供主体、适用目的、法院态度等程序方法具有显著相关性，这说明党内法规在实际适用过程中还存在着诸多变量因素，或者说党内法规的规范功能虽有凸显，但其中主观意志有所掺杂。总体而言，将党内法规适用于司法过程是具有可行性的，但从我国目前的司法实践来看，仍存在着运行不畅、方法不力等现象。归结起来，主要体现在四方面。

1. 认知问题

主要表现为当事人对党内法规的理解存在偏差。在刑事案件中，被告人及其辩护人往往以被告人已受党纪处分，不应再受刑事处罚为由主张自己的行为不构成犯罪，这是将党内法规与国家法律作为二元对立的典型表现；在民事案件中，一部分当事人以党员身份为由，指出其不应违法获得某些民事权益。如在上诉人龙某某因与被上诉人杨某某合同纠纷一案中，上诉人龙某某称："被上诉人杨某某是退休公务员，又是中共党员，其主张工资报酬违反《中华人民共和国公务员法》《中国共产党纪律处分条例》等法律及规范性文件的强制性规定，应属无效。"法院对此认为："杨某某退休后与龙某某签订《个人独资企业转让协议》是双方真实意思的表示，该协议内容并未违反法律的禁止性规定，应属有效。"在行政案件中，多数案件当事人在指出国家工作人员的某一具体行政行为违法时，会以党内法规文件为依据证明该行为违反某一规定，并主张人民法院对此进行审理，但法院对此大多会以不符合行政诉讼受案范围为由予以驳斥。以上种种，主要原因在于当事人缺乏对党内法规的正确认知，时常混淆党内法规与国家法律的关系。

2. 互动问题

主要表现为当事人援引党内法规之后法院回应不力。从本书所选取的实证案例来看，绝大多数案件的当事人在力图通过援引党内法规条文来证明自己主张的时候，法院或是未予回应或是用"没有事实和法律依据"直接带过。这种现象的存在：一方面说明，人民法院出于司法效率的考虑，认为当事人所提意见不规范、不明确，与待证事实并无直接关联性，是否对所提党内法规的主张进行回应并不影响裁判结论的正确性，故而直接略过对待；另一方面说明，部分法官认为党内法规是否可以作为裁判依据的有效法源尚不清晰，不知应采取开放包容的态度适用党内法规进行裁判，还是应采取保守谨慎的态度严格界定法源，故而在迟疑不定之中选择漠视的处理方式。

3. 论证问题

主要表现在人民法院适用党内法规的标准不清、说理不透、方法不明。就本书所采纳的样本案件来说，人民法院虽然在裁判中适用了党内法规，但或是笼统地以"党内法规"表述，如"重大决策事项，是指依据《中华人民共和国全民所有制工业企业法》……和其他有关法律法规、党内法规规定，涉及改革发展稳定的重大事项"；或是缺乏所适用的党内法规文件具体名称、具体条款、具体理由，如"根据《中国共产党章程》有关规定，中共双水镇纪律检查委员会有权在辖区内检查和处理党的组织和党员违反党章和其他党内法规的案件，决定或取消对这些案件中党员的处分，受理党员的控告和申诉……"抑或适用党内法规的论证泛化，如"根据《国有企业领导人员廉洁从业若干规定》第二十三条之规定，当事人的行为不符合党内法规的要求"。之所以存在论证困境，除了法官释法明理的作用发挥不到位以外，主要在于其对党内法规的重视和理解程度不够，适用党内法规裁判案件的经验不足，加之没有足够数量的类似案件作为参考，说理简单粗陋也就在所难免。

4. 规范问题

主要表现在人民法院适用党内法规的范围不定、过程隐晦、结果差异。虽然诸如指导性案例、民事习惯的司法适用、社会主义核心价值观的司法适用等在司法实践中提供了诸多良好的制度载体和经验方法，但由于党内法规尚处于体系建设完善阶段，使得自身的适用经验尚未有效转化为制度成果，这就导致人民法院在具体适用党内法规时对于当事人申请或其主动适用、举证质证、说理论证、作出裁判等环节缺乏规范标准的制度支撑，使得部分人民法院在面对党内法规适用这一问题时难以准确把握适用的必要性，不能清楚掌握适用的具体条件，无法自如驾驭证据审查，从而对待党内法规的司法适用信心不足、不敢适用、难以适用，甚至出现排斥心理、抵触情绪。这不仅会严重制约人民法院适用党内法规的主动性、能动性、积极性，同时还会严重阻碍党内法规司法适用的科学化、规范化、技术化发展。

第四章

司法审判工作法律责任与政治责任协同的实现路径

在当代中国，政治和法治关系在司法领域中集中表现为党的领导与独立行使司法权之间的关系。正如习近平总书记所深刻指出的："党和法的关系是政治和法治关系的集中反映。"① 始终坚持党的领导和依法独立公正行使司法权是中国司法实践必须坚持的两个基本原则。无论在宪法关于"中国共产党领导是中国特色社会主义最本质的特征""人民法院依照法律规定独立行使审判权，不受行政机关、社会团体和个人的干涉"的表述中，还是在诸多党内法规文件中均对这两项原则予以明确规定。其中，坚持党对司法工作的领导不仅是中国特色社会主义本质的要求，而且其作为政治判断或战略原则已经构成中国政治的一个规范命题②，一个内涵丰富、逻辑严谨、富有创见的法理命题。同时，司法本身所具有的法治属性和法治规律要求人民法院必须依法独立公正行使司

---

① 中共中央文献研究室．习近平关于全面依法治国论述摘编［M］．北京：中央文献出版社，2015：34.

② 程竹汝．依法治国与深化司法体制改革［M］．上海：上海人民出版社，2014：33-50.

法权。故而，能否处理好二者之间的关系，不但直接关乎我国司法制度在政治层面上的大是大非问题，而且还直接关系到在司法体制改革、政治体制改革中能否切实践行法治运行规律的问题。对此，习近平总书记提出："党和法的关系是一个根本问题，处理得好，则法治兴、党兴、国家兴；处理得不好，则法治衰、党衰、国家衰。党的十八届四中全会明确强调：'党的领导是中国特色社会主义最本质的特征，是社会主义法治最根本的保证。把党的领导贯彻到依法治国全过程和各方面，是我国社会主义法治建设的一条基本经验。'这一论断抓住了党和法关系的要害。"① 归其根本，司法审判工作法律责任与政治责任的关系就是如何实现党对司法的领导，以及司法在党的领导之下如何依法独立公正行使司法权的问题。故本章内容承接前一章的研究思路，坚持问题导向，探索司法审判工作法律责任与政治责任协同的发展方向及完善路径，从而建构起党领导司法工作的科学法治路径。

一、司法审判工作法律责任与政治责任协同的基本原则

在实践过程中，司法审判工作的法律责任与政治责任协同建设最为关键的问题是处理好"党和法治"的关系，协调好党规和国法的关系。针对长期困扰理论界、实务界的党内外存在的"党大"还是"法大"的伪命题，习近平总书记深刻指出："党和法的关系是一个根本问题"，"党的领导和社会主义法治是一致的，社会主义法治必须坚持党的领导，

---

① 中共中央文献研究室．习近平关于全面依法治国论述摘编［M］．北京：中央文献出版社，2015：33-34

党的领导必须依靠社会主义法治。"① 由此可知,通过司法领域党内法规与国家法律的统筹推进、一体建设,保证社会主义法治体系中关于司法工作的各个制度单元相辅相成、相互促进、形成合力并由此释放制度效能,不仅关乎司法审判工作法律责任与政治责任协同推进保障体系的系统性与完整性,而且还涉及其与法治体系、国家治理体系的衔接性与融合性问题。

（一）坚持宪法至上与党章为本的有机统一

党章作为政党的"宪法",是为保证全党在政治思想上一致及组织行动上统一所制定的基本章法②,其乃党内法规的根基命脉所在。宪法作为法治国家的根本法和治国安邦的总章程,对国家根本制度、政权组织及公民基本权利义务等内容进行规定,是各种政治力量实际对比关系的集中反映,任何组织或者个人,均不具有宪法和法律之上的特权。从历史制度主义视角来看,宪法所经历的 1988 年、1993 年、1999 年、2004 年、2018 年五次修订是对历次党代会精神的贯彻落实,分别与1987 年、1992 年、1997 年、2002 年、2017 年党章修正案有机衔接、一脉相承,呈现"党章修改在先,宪法紧随其后"的政策性修宪现象。③ 虽然在宪法与党章中并无"党领导司法"的清晰表述,但二者在历史使命、指导原则、奋斗目标、根本任务等方面具有内在统一性和高度一致性,共同作为党管司法的根本依据作用于中国特色社会主义"五

---

① 中共中央文献研究室. 习近平关于全面依法治国论述摘编 [M]. 北京:中央文献出版社,2015:23-24,33.

② 周淑真. 政党政治学 [M]. 北京:人民出版社,2011:6.

③ 王立峰. 走向法治之路:新中国成立以来党内法规的制度实践 [J]. 湖湘论坛,2020,33(1):47.

位一体"总体布局和"四个全面"战略布局。在党章中，关于"党的领导、人民当家作主与依法治国有机统一""建设法治体系与法治国家"等规定是党管司法的政治遵循；关于"区分并处理敌我矛盾和人民内部矛盾""加强社会治安综合治理""坚持总体国家安全观"等规定是党管司法的指导原则；关于党的根本制度、党内民主发展、组织结构优化、党的目标实现等规定是党管司法框架设计的本原依据。在宪法中，"中国共产党领导是中国特色社会主义最本质的特征"是党管司法的合法性来源；"人民法院、人民检察院依法独立公正行使审判权、检察权，公检法三机关分工负责、互相配合、互相制约"是党管司法的底线性规范。由上观之，"宪法为上、党章为本"不仅是党内法规制度建设的首要原则和建设社会主义法治国家的根本宗旨，也是规范执政党和司法机关关系的核心要旨。

（二）坚持依法治国与依规治党的有机统一

中国共产党作为执政党，在以党章为根本的党内法规体系和以宪法为根本的国家法律体系的统领之下，积极投身于全面依法治国和提高国家治理水平现代化的实践之中。虽然党内法规和国家法律在价值属性、本质要求和体系建构等方面具有高度一致性，共同构成"中国之治"的制度基础，但它们也有各自的内在特征和功能定位，不可混为一体。对此，党的十八届四中全会提出"注重党规国法衔接协调"的明确要求，《中国共产党党内法规制定条例》也将其作为党内法规制定工作的原则遵循。司法系统作为国家法治建设的重点领域，是国家法律规范相对成熟稳定的法治场域，并形成了较为完备的包括司法机关组织法、司法职业及相关主体法、诉讼与非诉讼纠纷解决法、社会治理法、国家安全法①等在内的党管司法法律体系。这些司法机关依法履职的法律规范辐射至党内法规领域，集中体现为《中国共产党政法工作条例》明确的新时代政法工作的专政、管理、服务三项基本职能和维护国家政治安全、确保社会大局稳定、促进社会公平正义、保障人民安居乐业四项主要任务。那么，司法领域党内法规与国家法律的衔接协调，则需要结合市域社会治理现代化、平安中国、法治中国的战略目标有序推进。

首先，围绕市域社会治理现代化开展司法领域党规国法协同工作。一方面，将中央顶层设计与地方实际情况紧密结合，进一步完善与市域社会治理相关的党规国法，通过严格执法司法，充分发挥社会组织作用，逐步实现政府治理和社会调节的良性互动；另一方面，选择某些在实践中已经获得成功的法治建设经验，如"枫桥经验"为出发点和切入点，深入研究社会治理的价值理念、体制机制、运行方式等现代化问题，通过有预见性的适度超前制度设计引导未来市域社会治理发展方向，解决司法领域可能出现的矛盾与问题。其次，围绕平安中国建设积极发挥司法机关维护安全稳定的职能作用。在当下中国处在维持社会大局稳定和谐、保持经济平稳增长，亦处在全面深化改革攻坚克难的关键时期的情况下，平安中国建设将面临巨大的风险挑战。正如美国学者指出的："在动态变迁的环境中建立和维护秩序不仅是古老社会的一个两难问题，也是现代社会的一个中心问题。"② 这要求司法机关在国家治

---

① 黄文艺. 中国政法体制的规范性原理 [J]. 法学研究，2020，42（4）：21.
② 诺斯. 理解经济变迁过程 [M]. 钟正生，刑华，等，译. 北京：中国人民大学出版社，2007：92-93.

理现代化进程中将更加凸显政治性、法治性与社会性职能的高度融合，司法体制也由革命化的管理模式向法治化的善治模式理性转型，促使党管司法的领导体制、机构职能、运行机制、关系调整等各方面发生深刻变化。比如，我国从 1991 年开始先后成立了社会治安综合治理委员会、防范和处理邪教问题领导小组办公室、中央维护稳定工作领导小组①，使社会治安综合治理、维护社会稳定、反邪教的政法工作职责展现得淋漓尽致。而在新一轮党和国家机构改革中上述三个机构均被撤销，由党委政法委承担其统筹协调职责②，这就需要将既往有效经验作为党内规范性文件重要渊源的同时，及时清理修改完善有关党内法规及规范性文件，使政法体制更加制度化、科学化、简约化。最后，围绕法治中国建设以党内法治推进国家法治。2013 年 1 月，习近平总书记在就如何做好新形势下政法工作的重要指示中首次提出"法治中国"的概念③，在党的十八届三中全会《中共中央关于全面深化改革若干重大问题的决定》将其确立为全面深化改革重大内容后开启了运用"法治中国"统领法治建设的伟大征程。其中"科学立法、严格执法、公正司法、全面守法"的明确指向在立法层面已经不是有没有，而是好不好、管不管

---

① 1991 年 3 月第七届全国人大常委会第十八次会议通过的《全国人大常委会关于加强社会治安综合治理的决定》强调必须加强社会治安综合治理，并在同年成立社会治安综合治理委员会，专门指导和协调全国社会治安综合治理工作。为更好地统筹协调各方力量做好维稳和反邪教工作，1999 年 6 月由中共中央委员会、国务院成立了防范和处理邪教问题领导小组办公室，2000 年 5 月成立了中央维护稳定工作领导小组，于 2008 年 3 月撤销。

② 中共中央印发《深化党和国家机构改革方案》[N]. 人民日报，2018-03-22(6).

③ 彭波. 顺应人民对公共安全司法公正权益保障的新期待 全力推进平安中国法治中国过硬队伍建设 [N]. 人民日报，2013-01-08（1）.

用、能不能解决实际问题①；在执法司法层面，已不仅是严格执法、公正司法，还要追求精准化、文明化、人性化，展现出社会主义法治的力度、温度和风度；在守法层面，也已不单是遵守法律，而是使遵法守法、信法护法成为人民的共同追求。② 这一系列提质增效的具体要求，均需通过法治改革方式予以推进。当前，司法机关在法治运行环节扮演着牵一发而动全身的重要角色，良好开展司法工作对法治中国建设的影响至关重要，对此需统筹推进依法治国与依规治党全面贯穿于司法这一法治运行环节：一是以人大常委会党组制度为平台健全"党领导立法"机制，把党的领导贯彻落实到依法治国的全过程和各方面；二是以党政联合发文制度为平台提高政党立规与国家立法的协同性，解决国家法律对党内法规的承接力度不够等问题；三是以构建政党执规与国家执法有机结合机制为平台探索纪法衔接的有效模式，解决党内法规和国家法律缺乏执行力问题；四是以政法委制度为平台严格把控党内问责和法律问责，促使二者均衡发展。③

（三）坚持党的领导与依法独立公正行使司法权的有机统一

从理论上讲，司法具有法律和政治双重属性。就法律层面而言，司法作为维护社会公平正义的最后一道防线，其首要功能在于通过公正的司法裁判惩罚犯罪、解决纠纷、保障人权，这就要求司法工作人员必须

---

① 中共中央文献研究室．习近平关于全面依法治国论述摘编 [M]．北京：中央文献出版社，2015：43．
② 中共中央文献研究室．习近平关于全面依法治国论述摘编 [M]．北京：中央文献出版社，2015：90．
③ 吕永祥，王立峰．依法治国与依规治党统筹推进机制研究：基于中国特色社会主义法治的动态分析 [J]．河南社会科学，2018，26（2）：33-39．

秉持中立立场、恪守职业原则；就政治层面而言，司法活动亦属于执政党的重要执政活动之一，倘若其执政行为超越或违背宪法法律、党内规章制度确立的边界，将给司法所具有的中立性、程序性、专业性的法律属性造成负面影响。那么，如何处理党的领导和司法权独立行使的关系将成为无可回避的重要问题。实际上，良好落实独立行使司法权制度的时期也是党规与国法较为协调的时期，1979 年《中华人民共和国人民法院组织法》关于"人民法院独立进行审判，只服从法律"的规定与同年中共中央颁布的政法工作领域的"十一届三中全会公报"《关于坚决保证刑法、刑事诉讼法切实实施的指示》中关于"党对司法工作的领导，主要是方针、政策的领导。各级党委要坚决改变过去那种以党代政、以言代法，不按法律规定办事，包揽司法行政事务的习惯和做法"① 的规定相契合。而在独立行使司法权制度受到较大破坏的时期，同样也是党规与国法关系较为紧张的时期，如"五四宪法"和 1954 年《中华人民共和国人民法院组织法》中虽规定法院独立进行审判，但 1957 年《关于司法工作座谈会和最高人民法院的反右派斗争情况的报告》却作出与其截然相反的规定"全部审判活动必须坚决服从党委的领导和监督；党委有权过问一切案件"② 。这说明，脱离法治的政党政治会导致人治和专制的泛滥，只有坚持法治才能使政党具有合法性并使政党政治走向正轨。③

---

① 中共中央文献研究室 . 三中全会以来重要文献选编：上 ［M］. 北京：人民出版社，1982：257-259.

② 张晋藩，海威，初尊贤 . 中华人民共和国国史大辞典 ［M］. 哈尔滨：黑龙江人民出版社，1992：298.

③ 王立峰 . 党规与国法一致性的证成逻辑：以中国特色社会主义法治为视域 ［J］. 南京社会科学，2015（2）：72.

一方面，始终坚持党对司法工作的全面领导。自中国共产党成立到新中国成立，特别是改革开放以来，我国司法事业在不平凡的历史进程中取得了备受瞩目的重大进展，其中的每一个闪光点都凝聚着司法发展的中国经验。而党对司法坚强有力的领导无疑是完善和发展中国特色社会主义司法制度体系的轴心，是确保社会主义司法基本价值得到有效发挥的政治保障。中国共产党总揽司法工作全局并统领司法发展方向，不仅是我国国情的必然要求和改革开放四十年来的经验总结，亦是党的宪法地位的具体表征和我国司法事业阔步前行的根本助力。实践充分证明，党对司法的领导主要是路线、方针、政策上的领导以及思想、政治、组织上的领导，党作为国家政权的领导核心，已将自己的政治主张、思想政策等通过立法渠道上升为国家意志，任何人、任何机构均需严格按照法律规范行事，若有所违反则将背离党的根本意志，即破坏了党的领导。既然宪法已将依法独立公正行使司法权设置为基本原则，那么党的组织就应施以方案确保宪法要求落地生根。

另一方面，为确保司法机关依法独立行使职权，需要着力解决不当干预司法问题。就整体而言，在改革开放以来的司法事业发展进程中，绝大多数的党政机关及其领导干部均能按照宪法法律的要求履行自身职责，尊重并维护司法权威，但也存在极少数领导干部出于一己私利违反法定职责不当干预司法的现象。针对此问题，习近平总书记在2014年1月中央政法工作会议上强调要建立健全违反法定程序干预司法的登记备案通报制度和责任追究制度。① 为切实将这一会议精神落到实处，党的

---

① 中共中央文献研究室. 习近平关于全面依法治国论述摘编［M］. 北京：中央文献出版社，2015：74.

十八届四中全会《中共中央关于全面推进依法治国若干重大问题的决定》将解决违法违规干预司法问题分为内、外两方面。① 就改善司法外部环境而言应注意解决三方面问题：一是厘清"符合程序的监督、联动司法"与"不当干预司法"的界限。在区分来自司法机关外部对案件的过问、批转究竟是"符合程序的监督"还是"不当干预司法"时，应以"监督"或"干预"对案件办理、裁判结果造成法外实质性影响为判断标准。即只要过问、批转案件行为足以对裁判结果形成法外实质性影响，就可认定是超出合法监督范围，作为"不当干预司法"行为予以登记。二是设计切实可行的登记备案流程规则。《领导干部干预司法活动、插手具体案件处理的记录、通报和责任追究规定》针对司法实践中较为典型的违法干预行为，以列举式的方式纳入至通报范围内。最高人民法院对此发布的实施办法是针对法院工作实际作出进一步细化。各地司法机关应结合部门工作实际相应出台具体实施细则，有利于将干预司法登记备案制度落到实处。三是完善对不当干预司法行为情况的通报及问责机制。对于来自党政机关领导干部干预司法造成不良后果和社会消极影响的，应交由纪检监察机关、组织人事部门根据干部管理权限，依照有关规定对其问责，给予党纪政纪处分，涉嫌犯罪的，移送司法机关依法处理。若干预司法行为直接来源于纪检监察机关或领导他们

---

① 中共中央关于全面推进依法治国若干重大问题的决定 [N]. 人民日报，2014-10-29（1）. 就改善司法外部环境提出："建立领导干部干预司法活动、插手具体案件处理的记录、通报和责任追究制度。任何党政机关和领导干部都不得让司法机关做违反法定职责、有碍司法公正的事情，任何司法机关都不得执行党政机关和领导干部违法干预司法活动的要求。对干预司法机关办案的，给予党纪政纪处分；造成冤假错案或者其他严重后果的，依法追究刑事责任。"就优化司法内部环境提出："司法机关内部人员不得违反规定干预其他人员正在办理的案件，建立司法机关内部人员过问案件的记录制度和责任追究制度。"

的党政主要领导，纪检监察机关的问责处理则显然监督乏力。在这种情况下，人大监督的作用凸显出来，可通过人大质询制度发挥切实作用。就优化司法内部环境而言，核心在于改变案件请示作法。《司法机关内部人员过问案件的记录和责任追究规定》从内部关系层面将不干预原则转化为可执行、可问责的具体制度。接下来，可从适度限制案件请示制度或用其他方式予以替代以确保法律统一适用功能的角度深化思考。通过设立地区性案例指导制度，由个案请示转变为宏观指导。《最高人民法院公报》公布指导性案例的做法值得借鉴。还可在移送管辖①的基础之上，对案件请示进行诉讼化改造。为规范提级审理的适用，上级法院应制定相应方案，明确监督指导的范围，指明可以提级审理的案件类型，严格提级审理程序。

二、司法审判工作法律责任与政治责任协同的制度建构

中国共产党作为制度化的法治型政党，所秉持的制度之治乃依法治国、依法执政的核心优势所在。习近平总书记曾讲过："推进党的领导制度化、法治化，既是加强党的领导的应有之义，也是法治建设的重要任务。"② 在我国，国家法律和党内法规同属中国特色社会主义制度的载体，是实现"中国之治"的根本支撑。党的十九大报告将"依法治国和依规治党有机统一"确立为"坚持全面依法治国"基本方略的重要内容，要求中国共产党既依据国家法律治国理政，又遵循党内法规管

---

① 所谓移送管辖（提级审理）模式，是指可将原本通过案件请示寻求解决的案件，用提请上级法院审理，以此纳入诉讼轨道解决的模式。

② 习近平. 加强党对全面依法治国的领导 [J]. 奋斗，2019（4）：1-8.

党治党，从而形成党内法规与国家法律"各行其道、并行不悖、相辅相成、共襄法治"的二元格局。① 那么，在推进全面依法治国视阈之下，推进司法审判工作法律责任与政治责任的功能协同亦需纳入党规国法互联互通的法治轨道之中，从而建构起党管司法的双重法治路径。

（一）司法审判工作法律责任与政治责任协同的国法路径

坚持和完善中国特色社会主义法治体系，需要法律规范、法治实施、法治监督、法治保障以及党内法规体系的共同努力。就自身发展规律而言，法治体系的各组成部分及各子体系的结构与功能均需与宪法法律的基本价值、内容形式相契合，其中的党内法规体系亦应符合法律规范体系的相应要求。"党政军民学，东西南北中，党是领导一切的"，将党的领导纳入国法体系乃全面依法治国的本质要求，而坚持党"领导立法、保证执法、支持司法、带头守法"的具体要求，使党的领导融入司法法治体系不仅是大势所趋，更是势在必行。但需注意的是，如若将"党的领导"在所有关涉司法的国家法律中均予以确认则将出现入法泛化的不利影响。就本质而言，党的领导作为中国最高政治权力，其内涵、外延早在党的文献中有所体现，即通过"制定大政方针，提出立法建议，推荐重要干部，进行思想宣传，发挥党组织和党员作用"② 实现对国家和社会的宏观领导。在此意义上，只有那些政治层面并关涉国家发展根本制度、基本制度和重要制度的法律才是"党的领导"入法的基本判断标准，该标准通过一部法律所调整领域和规范内容的政治色彩

---

① 欧爱民. 党内法规与国家法律关系论［M］. 北京：社会科学文献出版社，2018：1.
② 江泽民. 全面建设小康社会，开创中国特色社会主义事业新局面：在中国共产党第十六次全国代表大会上的报告［N］. 人民日报，2002-11-18（1）.

强弱来衡量其是否需要将党的领导纳入其中。① 具体到司法领域，司法工作是为了定纷止争、化解矛盾、彰显正义所开展的一系列活动，在运行过程中，党的领导主要体现为支持并保证司法机关依法独立行使职权，通过不断完善党的领导方式和执政方式提高党领导司法工作的科学化水平。因此，只有事关司法工作整体布局、重大制度安排等法律规范才符合政治性的判断标准，才有必要对"党的领导"原则进行抽象性规定。

然而，尽管当代中国政治发展道路的"核心思想、主体内容、基本要求，都在宪法中得到了确认和体现"②，但其中关于司法审判工作法律责任与政治责任协同推进的相关规定所涉很少，法律之中亦是如此。在此能够看到的是司法审判工作法律责任与政治责任的协同推进在宪法法律层面的体现还较为匮乏，还较难满足中国特色社会主义法治体系和法治国家的建设要求。鉴于此，若要强化司法审判工作法律责任与政治责任协同推进的法治化水平，应从宪法法律层面对其进行规范和完善。实际上，司法作为党和国家工作的重要范畴，历来都是法治建设的重中之重，也是宪法法律进行规范的密集场域。就当下所形成的国法体系而言，主要包括宪法、司法机关组织法（如《中华人民共和国人民法院组织法》《人民检察院组织法》等）、司法相关人员主体法（如《中华人民共和国法官法》《中华人民共和国检察官法》等）、三大诉讼法及其他非诉讼纠纷解决法等法律法规。这些法律法规不仅是司法机关行使

---

① 欧爱民，向嘉晨. 党的领导法治化的复合模式及其实施路径 [J]. 吉首大学学报（社会科学版），2020，41（2）：4-5.
② 中共中央文献研究室. 十八大以来重要文献选编：上 [M]. 北京：中央文献出版社，2014：88.

职权的基本依据，更是司法审判工作法律责任与政治责任协同推进的法律准绳，故而有必要进一步完善与周延。

首先，宪法是规定国家政治根本任务、根本制度、核心内容和基本要求的根本大法。根据我国宪法实践，"党的领导"在宪法中设置的位置从序言逐步向总纲演变，这为坚持和完善党的领导制度提供了坚实的宪法保障。而现行宪法虽对党的领导原则作出规定，但尚未对司法审判工作法律责任与政治责任协同推进的方式、过程等给予应有的明确规定，故可考虑在现行宪法的基础上增加关于司法审判工作法律责任与政治责任协同推进的具体内容。其次，鉴于宪法性法律是对宪法有关内容更加细化的展开进而达到良好落实宪法核心理念的目的，且依据政治判断标准，有关"权力组织法与运行法"的宪法性法律应当规定"党的领导原则"①，《法治中国建设规划（2020—2025 年）》亦提出"将坚持党的全面领导的要求载入国家机构组织法"，故可考虑在《中华人民共和国人民法院组织法》《人民检察院组织法》等国家法律中通过修订的方式将司法审判工作法律责任与政治责任的协同推进内容予以补充完善。最后，中国共产党作为领导党和执政党，在确定政治路线之后，极为关键的是通过干部人事工作巩固党的领导地位和执政地位，进而更好地贯彻落实党的路线方针政策，努力践行党的领导目标宗旨。可以说，党管干部不仅是构建中国特色社会主义制度体系的重要内容，更是彰显党的治理优势和治理效能的关键支撑。而队伍建设作为做好司法工作的前提和保障，队伍素质的高低、能力的强弱、作风的好坏从根本上关系

---

① 欧爱民，向嘉晨. "党的领导"入法原则及其标准［J］. 中共天津市委党校学报，2020，22（3）：9.

到司法公正能否达成、司法权威能否维护，故可考虑在此领域的法律法规如《中华人民共和国法官法》《中华人民共和国检察官法》中规定"党的领导原则"。

（二）司法审判工作法律责任与政治责任协同的党规路径

司法审判工作法律责任与政治责任的协同推进路径是围绕国家法律和党内法规两方面共同展开的，二者是在国家建设和发展过程中基于政治与法治的关系演化所形成的"相辅相成、相互促进、相互保障"① 既对立又统一的"双层并轨"辩证关系。而宪法法律制度仅应从抽象角度对党领导司法进行原则确认，如何强化司法审判工作法律责任与政治责任的协同推进建设任务则需主要依靠党内法规来进行具体设计。但与国家法律相较而言，规范司法审判工作法律责任与政治责任协同推进的党内法规制度一直以来较为稀缺，对此，在党内法规制度建设日趋完善、基本搭建起以党章为根本遵循的制度体系的四梁八柱的情况下，还需结合司法工作的具体实践，制定、理顺、规范与之相配套的党内法规，进而建构起司法领域的党内法规制度体系。

根据《中国共产党党内法规制定条例》关于党内法规的法定概念，党内法规规范事项是党的领导活动和党的建设活动，并依靠党的纪律保证实施的专门制度。这一定义将党内法规的适用范围锁定于党的内部，适用对象局限于党组织和党员，即"这些法规必须是党用来管党、党用来治党的法规，是事关党的建设、发展甚至党生死存亡的法规"②。然

---

① 习近平.关于《中共中央关于全面推进依法治国若干重大问题的决定》的说明[N].人民日报，2014-10-29（2）.

② 刘长秋.论党内法规的概念与属性：兼论党内法规为什么不宜上升为国家法[J].马克思主义研究，2017（10）：135.

而实际上，中国共产党兼具领导党和执政党的双重身份使其还需对国家和社会事务进行方向指引和全面领导，这将不可避免地要对国家和社会事务作出调整，在党内法规的具体实践中寻找到的解决方案主要有合署办公和出台调整范围更为广泛的党内法规。以本书采用的党领导司法工作的 40 件党内法规为研究基础，根据制定主体的不同，可将党内法规划分为纯粹党规和混合党规。其中前者是指《制定条例》所界定的中央法规、纪检法规、部委法规和地方法规，后者是指由《制定条例》界定的制定主体和国家机关共同制定的党内法规。虽然 40 件样本党内法规中属于纯粹党规的有 24 件，属于混杂党规的有 16 件，但通过仔细观察可知两类党规规范的内容并无明显区别，这将不利于司法领域党内法规制度体系的科学建构。鉴于司法所具有的中立性、程序性、专业性的法律属性和司法权独立运行的根本规律，使党对司法主要进行"管方向、管政策、管原则、管干部，不是包办具体事务，不要越俎代庖"① 的领导。那么，就体系建构而言，可将党管司法法规路径具体分为纯粹党规路径和混合党规路径。前者是指由党的立法机关制定的党对司法工作进行的方针政策、体制机制、队伍建设等全局指导的党规。后者是指由党的立法机关和最高院、最高检等国家机关共同制定的司法机关贯彻落实党中央及上级部门决策部署、有力指导司法工作、不断加强和改善司法机关党的建设等诸多方面的党规。按照上述思路，可考虑建立一套以"1+3+X"为基本框架的司法领域党内法规制度体系。

其中"1"代表在司法领域制定一部较为完备系统的基础性纯粹党

---

① 中共中央文献研究室. 习近平关于全面依法治国论述摘编 [M]. 北京：中央文献出版社，2015：111.

内法规。2019 年中共中央印发的《中国共产党政法工作条例》对"谁来领导政法、具体领导事项、如何领导政法"等一系列问题作出全面规定①，其中明确规定了从中央到地方、从政法委到部门党组的领导权责以及从决策到执行再到问责等领导机制，构建起了一种从外部领导到内部执政、从党中央集中统一领导到分层级分系统领导的全方位领导体制②，极大提升了政法工作的科学化、制度化与规范化水平。应当说，以该《条例》的出台为标志，将司法工作借助党内法规的形式纳入党内制度体系之中，不仅有效勾连党的领导与法治建设之间的关系，表征司法领域党内法规对接国家法律的积极主动性，而且充分彰显以党内法治促进国家法治，实现依规治党与依法治国有序并进的发展态势。但也应该看到，《条例》所具有的总体纲领性和原则概括性使之需制定相应的配套系列法规，进而将其转化为精细化、程序化并具有可操作性的制度规范。实践充分证明，党对司法的领导主要为思想、政治、组织上的领导，由此"3"代表在基础性纯粹党内法规《条例》的总体指导之下，进一步将司法领域纯粹党规建构划分为政治领导、组织领导和思想领导三方面。此外，因党领导司法工作的相关制度能够间接作用于社会生活，这就需要结合司法机关的常规工作，关注司法领域党内法规制度在促进执法过程中的"溢出"效应。对此，"X"就代表党领导司法制度建构过程中和外在环境的关联互动，进而提升党领导司法工作制度格局的回应力。但也应注意到的是，这种制度构建并非事无巨细地对执法办案进行管理。此类适用的混合性党内法规只能在特定的领域发挥作

① 邓小平. 邓小平文选：第二卷 [M]. 北京：人民出版社，1994：147.
② 黄文艺. 中国政法体制的规范性原理 [J]. 法学研究，2020，42（4）：21.

用，即主要在事关司法主体制度、行为制度、防错纠错制度方面进行规定，从而形成较为周延的党管司法法规体系。

（三）全面提升司法领域党规国法制度的供给水平

为推进中国式法治现代化进程，以习近平同志为核心的党中央科学擘画了新时代全面依法治国的战略蓝图，阐明了法治建设和人民之间的关系，强调了以人民性为导向，不断提升党规国法制度的供给水平，在中国特色社会主义的伟大实践中弥合人民日益增长的美好生活需要和不平衡不充分的发展之间的矛盾。

一方面，缓解司法领域党规国法制度供给的不充分问题，持续提升司法领域党规国法制度供给的增量水平。司法领域党规国法制度供给增量的不断提升是实现法治效能提升的必要条件，这不单单是因为当前阶段有关于司法的党规国法制度供给的存量不足以支撑法治现代化的建设，更是因为当前我国现阶段已进入发展"新常态"的实际，提高司法领域党规国法制度供给的增量还有助于人民对美好生活需要的进一步释放，同时促进中国式法治现代化的实现。一是司法领域党规国法制度的新供给应当实现社会群体的均衡覆盖。党规国法制度的制定应做到全盘布局、统筹兼顾，尤其针对人民美好生活的需要着重完善法治推进流程中的参考咨询和结果反馈环节。提升立法、司法和执法过程中的民众参与度，鼓励并引导民众积极听证与献言献策以提高司法领域党规国法制度设计与依法治理的科学性、针对性，努力践行人民生存需求、安全需求、社交需求、尊重需求与自我实现需求的满足。二是司法领域党规国法制度的供给增量能在一定程度上使民众追求更高层次需要的道路更加便捷和可控，并能够助力民众凭借自身努力依法取得符合自身期望的自我满足。同时，司法领域党规国法制度的供给存量基础得以稳定、长久地坚持，能够可持续地保障人民的个人尊严感、家庭幸福感、社会归属感和国家认同感的能力不变质、不褪色。具体施行的层面，就要求通过一系列法律、制度、规范为民众创造更多高质量的司法资源和司法服务。

另一方面，缩小司法领域党规国法制度供给过程中的不平衡问题，填补司法领域党规国法制度供给的城乡和区域差距。党规国法制度供给仅仅依靠"程序正义"进行常规供给难免会对经济社会发展较弱的区域和人群出现一定程度上的忽略，要注意对其覆盖区域和人群的查漏补缺，保证当事群体积极、充分的参与，实现"问需于民"。一是构建以城带乡、全面一体化的党规国法制度供给体系。目前，由于历史遗留因素与现实客观条件的限制，党规国法制度供给在城乡之间存在相对不平衡的问题，相应地对部分农村居民美好生活需要的满足产生了一定的限制。有鉴于此，党规国法制度供给、城乡一体化供给体系的构建要在科学把握各地差异性的基础上、在给予城乡平等的法律制度供给关注的基础上，加大对乡村地区的普法、守法等方面的宣传教育，并在立法、司法等方面予以一定的制度扶持和督促机制，逐步缩小城乡之间的法治现代化建设推进的差距，满足全体人民的美好生活需要。二是强化司法领域党规国法制度供给的跨区域统筹调控。"共同富裕"是社会主义的本质要求，中国式法治现代化的实现过程中更应追求"实质正义"，以公平、正义的结果为目标指向，促进全体人民共同富裕目标的实现。顶层设计中的党规国法制度供给应注重统筹东部与中西部、沿海与内陆不同区域之间法治现代化建设的协调发展，缩小区域间的法治现代化进程的差距。而在地方性党规国法制度的供给方面，要在落实全国性党规国法制度所提出的原则基础上，有针对性地保障当地民众最迫切、最广泛的需要。

三、司法裁判适用党内法规的完善之策

在全面推进依法治国的进程中，基于中国共产党特殊的领导执政地位，需要关注作为中国特色法治体系重要组成部分的党内法规所产生的对外效应，理论界应当立足司法个案观察党内法规在司法裁判中的运行实际。因此，本书在实证研究部分以中国裁判文书网为平台收集整理适用党内法规的司法裁判文书，从裁判文书所蕴含的细节信息尽可能客观描述党内法规的司法适用场景，寻求党内法规在司法领域中运行的内在机理，从而反映出党内法规在司法当中适用的基本概况和可能问题。从前述的实证分析来看，党内法规的司法适用与案件类型、法院层级、时间区域、诉讼程序、提供主体、适用目的等方面均存在显著相关性，这意味着党内法规在司法运行过程中存在着诸多变量，这些因素导致党内法规的司法适用存在着认知、互动、论证、规范问题以及几个问题互相作用所形成的叠加效应。应当说，尽管适用党内法规裁判案件存在许多争议，但党内法规的外溢效应在司法领域中得以显现的主流发展趋势却是明确的，我们应在认真汲取司法裁判中适用党内法规基本经验的基础上，进一步深入思考我国党内法规在司法裁判中适用的理论和实践课题，着重研究党内法规司法适用的内涵特征、识别标准、选取准则等基本问题，并通过系统化的论证构建完善党内法规司法适用的现实途径，力求最大限度地消弭适用党内法规裁判案件可能带来的非理性因素，有

效维护司法的权威性与公正性。

（一）正确解读党内法规的司法适用

党内法规的司法适用本质是司法活动，"司法适用即法的适用，是一个有多重含义的概念。主要是指国家司法机关根据法定职权和法定程序，具体应用法律处理案件的专门活动，即司法"①，鉴于本书研究的主要内容是司法裁判中的党内法规适用问题，由此将司法机关限定为狭义的人民法院，党内法规的司法适用即人民法院根据法定职权和法定程序，将党内法规运用于司法审判过程的专门活动。其具有如下特征：第一，从适用主体上看，党内法规的司法适用是人民法院在审判活动中对党内法规的具体应用，那么人民法院即为党内法规的司法适用主体，其权力来源由《中华人民共和国宪法》所赋予，而非党的组织或工作机关依据党章所进行的党内活动。但需注意的是，人民法院可以成为党内法规的适用主体，但并非是有权审查党内法规的主体。第二，从适用内容上看，党内法规的司法适用必须按照法定诉讼程序进行，并运用法律推理等法律方法推演结论的合法性与正当性。适用党内法规的具体内容既包括党内法规中对规则的适用，也包括对原则的适用，同时还可适用号召类党规条文。第三，从适用效力上看，党内法规之所以能够在司法裁判中得以适用的前提是具有适用的必要，即如果现行法律足以解决案件争议，则无需党内法规的适用。当适用党内法规裁判案件时，其与适用国家法律作出的生效裁判具有相同的国家强制力。第四，从适用中的党规国法关系上看，虽然适用党内法规审理案件是人民法院行使审判权的具体表现，但这并不意味着党内法规将取代国家法律而存在，也非表

---

① 张文显. 法理学 [M]. 北京：高等教育出版社，2018：47.

明党内法规具有和国家法律相同的性质和地位，而是将党内法规作为国家法律的一个重要组成部分，对国家法律起到补充和具体化的作用，即其在理论上可以成为国家法律的一种非正式法律渊源①，只有穷尽正式法律渊源抑或适用正式法律渊源将引起明显不公时，才可适用党内法规，且在适用的过程中应当符合法的基本精神，而且必须充分地说理。② 同时，需注意的是，适用党内法规审理案件并不表明该案件排斥国家法律的适用，而是二者各有分工、各司其职，可分别或同时作为解决争议焦点的审理依据，即人民法院在确有必要适用党内法规时，既可以单独适用，也可以与国家法律一同适用。

（二）科学设计党内法规司法适用的选取准则

《中共中央关于加强党内法规制度建设的意见》根据党内法规调整对象的不同将党内法规体系的基本框架概括为"1+4"，即在党章之下，分为党的组织法规、党的领导法规、党的自身建设法规、党的监督保障法规四大板块③，那么从种类繁多的制度文件中选取到可以适用于司法过程的党内法规需要考虑哪些因素？也就是说，经过有效识别的党内法规可以作为司法裁判的考量因素，但是这一党内法规要成为裁判文书的说理依据又需要符合哪些基本准则？毕竟司法裁判要达至法律效果，这就不同于一般意义上的请求或说理论证符合逻辑自洽即可，司法裁判除了要符合论证逻辑严谨规范以外，还要求能够作为司法裁判依据的党内法规须具备一定的条件，使之经得起推敲和考验。换言之，在适用某一

---

① 郭世杰．论党内法规向国家法律转化的具体路径［J］．中共福建省委党校学报，2019（1）：47.

② 舒国滢．法学方法论［M］．厦门：厦门大学出版社，2013：70.

③ 宋功德，张文显．党内法规学［M］．北京：高等教育出版社，2020：29.

党内法规作为裁判依据时，应当依循何种思维模式进行判断。

选取准则之一：合法性判定，即是否合乎现行法律且能实现法律效果。在韦伯（Max Weber）看来，合法性是指一种对规范的规则形式"合乎法律"以及根据这些规则有权发布命令的那些人的权力的确信。① 即韦伯认为的"合法性"既包括符合形式上的法律，也包括大多数公民认为合法的情况下，一个设定的秩序是合法的②这种实质上的合法。最高人民法院《关于裁判文书引用法律、法规等规范性法律文件的规定》第六条规定："对于本规定第三条、第四条、第五条规定之外的规范性文件，根据审理案件的需要，经审查认定为合法有效的，可以作为裁判说理的依据。"《关于加强和规范裁判文书释法说理的指导意见》中亦规定"与法律、司法解释等规范性法律文件不相冲突的其他论据"可以作为法官采用的论据以论证裁判理由。以上规定说明能够成为裁判依据的文件不能有违法律规定。在我国，法律通常是指由全国人民代表大会和全国人民代表大会常务委员会依照法定程序制定、修改并颁布，并由国家强制力保证实施的基本法律和普通法律的总称，其中包括宪法、法律、行政法规、地方性法规、自治条例和单行条例，在这个意义上能够作为裁判说理依据的党内法规必须符合宪法、基本法、特别法、行政法规、司法解释、地方性法规等的具体规定。而何为"大多数公民认可"的法律效果？理论界和实务界对此并未形成一致意见。有学者认为法律效果的含义有三方面，即法律规则之实现，法律原则之实现，法

---

① 埃尔斯特，斯莱格斯塔德. 宪政与民主：理性与社会变迁研究［M］. 潘勤，谢鹏程，译. 北京：生活·读书·新知三联书店，1997：144.
② 哈贝马斯. 交往与社会进化［M］. 张博树，译. 重庆：重庆出版社，1989：184，206.

律目的之实现①；还有学者认为法律效果是强调法律和事实的演绎、归纳、类比推理，倾向于法律的证明，侧重于法律条文的准确适用②；最高人民法院原副院长李国光认为裁判的法律效果是法官依法审判，即严格适用法律来维护法律的尊严，保证法律得到一体的遵循和适用。③ 虽然观点各有不同，但从中抽象出的最小"公约数"使法官以法律为准绳，严格按照形式逻辑进行推理，所作出的裁判结论符合立法目的及法律精神，进而确保司法适用具有公信力。此外，实质合法性在我国还体现为政治效果、法律效果与社会效果的有机统一。习近平总书记强调："江山就是人民，人民就是江山"，"全面依法治国最广泛、最深厚的基础是人民④"，"推进全面依法治国，根本目的是依法保障人民权益"⑤。司法机关办理案件既要实现个案公平正义，又要充分回应社会关切，增强人民群众对司法公正权威的思想认同。有鉴于此，将党内法规作为司法裁判适用依据时应当考虑"大多数认可的道理"因素，同时寻求最佳裁判方案，即以法律效果为基本遵循，以政治效果和社会效果为评价尺度，不仅要让党内法规及适用它的裁判文书得到社会的普遍认同，而且还要实现司法裁判所具有的规范和约束作用。

---

① 江国华. 审判的社会效果寓于其法律效果之中［J］. 湖南社会科学，2011（4）：52-59.
② 阴建峰. 论法律效果与社会效果的统一：以贯彻宽严相济刑事政策为中心［J］. 河南社会科学，2011，19（2）：87.
③ 李国光. 坚持办案的法律效果与社会效果相统一［J］. 党建研究，1999（12）：5-7.
④ 中共中央关于党的百年奋斗重大成就和历史经验决议［N］. 人民日报，2021-11-17（1）.
⑤ 坚定不移走中国特色社会主义法治道路 为全面建设社会主义现代化国家提供有力法治保障［N］. 人民日报，2020-11-18（1）.

　　选取准则之二：必要性判定，即是否满足适用于司法过程的基本条件。党内法规虽然可作为法源被适用于司法裁判之中，但并非何时、何地、何处均能适用，只有当满足一定条件之后，党内法规才有在司法裁判中得以适用的可能空间。笔者认为，当出现如下情况时，党内法规才具有适用的必要性。其一，案件审理前需判断受案范围时适用党内法规。这种情形较多出现在行政领域，一般是党的工作机关对行为人作出某种决定，或该决定被当事人认为是抽象或具体行政行为而诉至人民法院，人民法院对其自身是否符合立案管辖作出判断时适用党内法规。在刑事领域中，一般是被告人认为党委作出的处分决定为党纪处分，而此种情况不应由人民法院对其作出刑事处罚。在民事领域中，一般是当事人认为党的工作机关作出的决定或制定的政策、方针损害其利益并要求赔偿而诉至人民法院，人民法院在审查时适用。其二，当存在法律疏漏时适用党内法规。"法律规范在一个法律论点上的效力，是由法律家按忠实原意和适合当时案件的原则通过法律解释予以确认的，其中包含着人类特有的价值和目的考虑，反映了法律家的知识表达具有主观能动性"①。正因为人们自身的认知存在局限性以及其对客观行为产生的路径依赖，导致法律规范在制定之初就存在着不周延性，加之法律规定滞后于社会发展，决定静态且抽象的法律规范难以完全应对复杂多变的现实情形，由此法律会出现"规则空白"的可能。而当某一案件的审理与党内法规密切相关，且在穷尽法律规定仍难以解决争议问题时，如若党内法规对此种情形有所规定则可适用党内法规。其三，一方或双方当事人主动要求适用党内法规。此种情况体现在刑事领域中，多用于判断

---

　　① 张保生. 人工智能法律系统的法理学思考［J］. 法学评论，2001（5）：18.

行为人自身的行为性质。如在吉 0821 刑初 174 号被告人刘某犯受贿罪一案中，被告人的辩护人提出："《中国共产党纪律处分条例》中对党员参与营利活动的行为及后果进行了明确规定，但并未规定营利行为需要追究刑事责任，根据举重以明轻的原则，刘某等人的行为不构成犯罪。"① 在行政领域，多表现为政府行为或国家工作人员的行为按照上级授权或《中华人民共和国公务员法》的要求行动，但由于国家工作人员一般同时具有党员身份，因此在当事人对某一级政府或某一国家工作人员提起诉讼时，也会指出，"……作为党员同志，根据党内法规应当……因此其行为不但违法，而且违反了党内法规的规定"，这类表述在近年的裁判文书中大量出现，法官在对此作出回应时，也普遍参照党内法规对其行为进行界定，说明其行为不属于人民法院负责审理的事项。在民事领域，多集中于当事人运用党内法规证明具有党员身份的人员所从事的相关行为无效，如在最高法民申 1043 号再审申请人庆丰公司因与被申请人金某某等合伙协议纠纷一案，再审申请人庆丰公司申请再审称："根据《中华人民共和国民法通则》②《中国共产党党员领导干部廉洁从政若干准则》《关于进一步制止党政机关和党政干部经商、办企业的规定》等规定，金某某属国有控股金融企业中国银行的党员，杨某某属事业单位银监局的工作人员，不能经商办企业，三人合伙协议无效。"③ 其四，解决案件争议焦点问题必须参考党内法规的适用。从梳理党内法规司法适用的裁判文书来看，实践中的大量裁判文书提及党

---

① 吉林省镇赉县人民法院（2018）吉 0821 刑初 174 号刑事判决书。

② 已于 2021 年 1 月 1 日废止。

③ 中华人民共和国最高人民法院（2017）最高法民申 1043 号民事裁定书。

内法规只是表明一方或双方当事人的立场、身份、观点，而并不作为支持其争议焦点的依据。因此，党内法规司法适用的前提条件则是适用党内法规来解决案件争议焦点，且适用的过程必须审慎而行，若无适用的必要则不可适用。

选取准则之三：关联性判定，即党内法规能否作为司法裁判重要依据。在司法裁判中援引党内法规时，不仅要求其具备合法性和必要性，同时还要求具备可行性，这样才可成为司法裁判的依据。对此，一方面要求该文件具有客观性，即能够作为司法裁判依据的党内法规本身不需要被其他依据所证明；另一方面则要求该文件具有自洽性，即不存在相互冲突或相互矛盾的情况。就前者而言，党内法规的规则类条文具有很强的客观性，其本身不再需要其他证明，但是党内法规原则类和号召类条文等客观性较弱，并存在"仁者见仁、智者见智"的可能性，那么客观性就要求此类党内法规条文不需要再次被证明，否则就无法作为裁判依据。后者则着重考虑作为依据的党内法规的一致性问题。所谓一致性，是指"两个命题之间没有逻辑上的矛盾，如果一个命题能够被毫无冲突地嵌入与其他命题的关联之中，那么它们就是一致的"①。那么，能够作为依据的党内法规的一致性就是指裁判文书中党内法规与被证明的对象之间不矛盾、不冲突以及党内法规之间不矛盾、不冲突。具体包括三种情形：一是同一案件所适用的多个国家法律和党内法规之间不矛盾冲突；二是针对被证明对象拟适用的多个党内法规之间不矛盾冲突；三是作为论证依据的党内法规与论证理由之间不矛盾冲突。

---

① MCCORMICK N. Coherence in Legal Justification ［M］// BREWER S. Moral Theory and Legal Reasoning. New York：Garland Publishing Inc，1998：266.

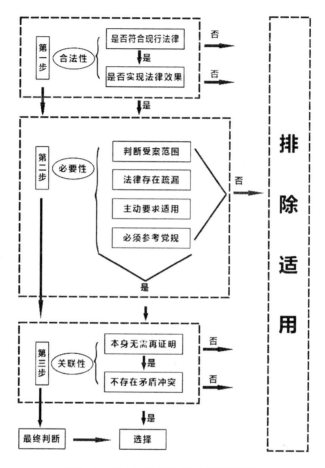

图4-1 党内法规司法适用的选取准则

综上，通过设计一套蕴含"合法性""必要性""关联性"的"过滤"模型（如图4-1所示）对党内法规进行层层筛选，从而科学合理地在司法裁判中适用党内法规。具体步骤：第一步判断该党内法规是否符合国家法律，若违背则直接排除适用，若符合则考察其能否实现法律效果，若未实现则排除，若实现则进入第二步，继续判断该党内法规是否满足必须适用的四项条件之一，若无法满足则排除，若满足则进入第三步，继续判断该党内法规本身是否不再需要被证明，若仍需证明则排除，若无须证明则考察其相互之间是否冲突矛盾，若冲突则排除，若融合则完成判断，将该党内法规适用于司法审判之中。

（三）着力构建党内法规司法适用案例类型图谱

"成文法的高度抽象性在于它对千姿百态的人、事、物关系进行了高度概括，意在覆盖尽可能大的适用范围。但是，那些被生硬削剪掉的事件细节往往对法律裁判更为重要，于是，法律适用需要一册详细的、活页形式的使用说明书，帮助读者还原被抽象法条隐去的具体，同时不断添加使用者的新发现以节省后来者的使用成本。"① 加之，法官进行法律判断时如何寻找并恰当选择规范，尤其在面对疑难复杂案件时如何运用法律进行利益衡量和价值判断难以被记录，使得相似案件的裁判经验难以获得积累，即便有刊登司法案例数量可观的《最高人民法院公报》平台，但因这些案例具有分散性使之较难对党内法规的适用加以解释和说明，而只有通过"持续的或叠加或补充或纠正的一系列司法裁判，才能逐渐清晰"②。故此，出于保障法律一致性、稳定性、可预期性以及提高适用党内法规裁判案件准确性、确定性的考量，可通过案例归纳和具体化适用情境的方法建立党内法规司法适用的类型体系，充分发挥上级法院或同级法院适用党内法规的判例在司法实践中所产生的重要参考价值，为法官审理类似案件提供指引和参考，进而提升司法效率，维护司法公信力。

---

① 黄卉. "一切意外都源于各就各位"：从立法主义到法律适用主义 [J]. 读书，2008（11）：36.
② 黄卉. "一切意外都源于各就各位"：从立法主义到法律适用主义 [J]. 读书，2008（11）：39.

首先，确立党内法规司法适用案例类型图谱的指导思想。在对适用党内法规的司法案例进行归纳时，"应把握存在于生活中的道理，朝向法律所要实现的正义价值，具体化时应避免流失存在于理想中的道义，垂怜生活所需要建立的法律和平"①。实际上，对党内法规司法适用的案例进行类型化的整理，不仅在于统一党内法规的司法适用标准，加强、规范和促进司法审判工作，维护司法的公平公正，而且这还是法官有效防范法治风险的理性选择。当前，我国社会结构正发生深刻变化，由于社会利益的重新分配与调整，导致各种利益处在变动不定的状态之中，由此所引发的利益冲突也就随之产生。尽管国家通过立法方式尽可能地应对社会的快速发展，但千姿百态的纠纷需要充分运用司法手段来维护社会利益的平衡。所以，解决矛盾纠纷的方法本身源自于社会生活，或者也可以说由社会生活所提供。法官借由社会生活整理出相应的方法化解类型相同的纠纷，就是合乎道义和社会生活发展规律的。

其次，设立党内法规司法适用案例类型图谱的遴选标准。党内法规司法适用的类型图谱应建立在众多案例的基础之上，通过对性质相近的案例进行分门别类和整理归纳，以此确定适用的党内法规。即便个案之间无法做到绝对的雷同，但在部分特征上存在相似性的案例数量仍然是非常可观的。因此，在特定的集合范围内，使用类型图谱说明案件的共同性，或者运用类型图谱解释党内法规在具体司法适用过程中的内涵和外延，能够大大减轻法院适用党内法规裁判案件的压力，避免因对党内法规适用的不理解、不熟练和不规范而引发的党内法规适用混乱的风险。即"法院裁判的事件愈多，提供比较的可能性也随之增长；因此，

---

① 黄茂荣. 法学方法与现代民法［M］. 北京：法律出版社，2007：577.

作出确实可靠的裁判之机会也随之增加，而残留的必须作不那么确定的裁判之判断空间也将随之缩小"①。而能够纳入党内法规司法适用类型图谱中的案例，应属于那些认定事实清楚、证据确实充分、适用党规正确、解析说理充分、政治社会效果良好、对处理类似案件具有普遍指导意义的案件。

最后，构建党内法规司法适用案例类型图谱的基本方法。一是明确党内法规司法适用类型图谱的案件类型。针对如何建立类型图谱这一问题，西方学者及我国台湾地区学者进行了诸多探索和大胆尝试，其中的经验可为我们借鉴。以公序良俗原则的案件类型为例，德国学者梅迪库斯（Dieter Medicus）提出信贷担保中的"设定过度担保""危害其他债权人行为""束缚债务人行为"等有违善良风俗的行为；违反职业道德规则；违反善良风俗与性交；暴力行为；等等②可归入违反公序良俗原则之中。英美法等国家一般将"排除法院管辖权的合同；有损家庭关系的合同；限制人身自由的合同；限制贸易的合同；射幸合同；犯罪合同；包含不道德两性关系的合同等"③认定为是违反公序良俗原则的行为。而我国台湾学者陈自强则将公序良俗原则适用的案件类型总结为"宪法基本权利之保障、过度限制个人及经济行动自由、基于性关系之给付约定、暴利行为"④。观之我国党内法规的司法适用，以实践中适用较多的《中国共产党纪律处分条例》为例，该党内法规文件与国家

---

① 拉伦兹. 法学方法论 [M]. 陈爱娥，译. 北京：商务印书馆，2003：174.
② 梅迪库斯. 德国民法总论 [M]. 邵建东，译. 北京：法律出版社，2000：509.
③ 阿蒂亚. 合同法概论 [M]. 程正康，周忠海，刘振民，译. 北京：法律出版社，1982：338-364.
④ 陈自强. 民法讲义 I：契约之成立与生效 [M]. 北京：法律出版社，2002：15-155.

法律体系中的《中华人民共和国刑法》类似，不仅可为党组织和广大党员提供清晰的行为标尺，同时还可为纪律检查部门提供明确的执纪依据。其中第六十八条规定："党员领导干部对违反政治纪律和政治规矩等错误思想和行为不报告、不抵制、不斗争，放任不管，搞无原则一团和气，造成不良影响的，给予警告或者严重警告处分；情节严重的，给予撤销党内职务或者留党察看处分。"然而，在实践中当事人对何为"政治纪律""政治规矩"等理解不一，对被撤销党内职务后实施解除劳动聘用合同的处理是否合法合规等问题提出了疑问。为此，法院可以在总结大量相似案例的基础上，确立如关于适用党内法规解除劳动合同的纠纷、对党组织适用党内法规处理决定不服诉至法院的纠纷等几种常见的案例类型。二是明确党内法规司法适用类型图谱的案例来源。在构建党内法规司法适用类型图谱时，除了最高人民法院审理的案件可作为案例来源以外，还包括经最高人民法院严格筛选的、全国各级人民法院上报至最高人民法院的、具有代表性的典型案例。三是明确内法规司法适用类型图谱选取案件的基本标准。即"一是同类案件蕴含了相同或类似的伦理价值和道德标准，应受到相同或类似的价值评判，需要得到相同或类似的平等处理待遇；二是这些案件反映了相同或相似的社会原型，并以此为归纳的基础；三是这类案件有可能在司法实践中反复出现"①。通过上述呈现，党内法规适用类型图谱一经形成便具有普遍效力，人民法院在审理类似案件时可作参考。

---

① 李克诚，刘思萱. 论法律原则在我国司法裁判中的适用：以《最高人民法院公报》案例为范本的研究［J］. 法律适用，2008（3）：6.

结　论

我们能够看到，历史发展到今天，中国作为这样一个规模庞大、成长波折、背景复杂的发展中国家，在当今世界格局发生急剧而又深刻变化的情况下可以成为世界上最具安全感的国家之一①，创造与经济腾飞奇迹相媲美的"第二个奇迹"②，足以证明敢于刀刃向内的党管司法体制在其中发挥了不可替代的作用，在百年司法实践中不仅积累了大量如同"枫桥经验"一般适用于本土治理的先进经验，而且通过将党的政策努力转化为法治话语体系，使司法审判工作法律责任与政治责任协同推进的方式方法不断革新完善。其中，司法领域国家法律制度建设和党内法规制度建设作为新时代中国特色社会主义法治体系的关键内容，其在推进国家治理体系和治理能力现代化的进程中发挥了重要作用。这就要求司法审判工作的法律责任与政治责任协同推进需要以学理为根、法理为基、哲理为智，按照全面依法治国的要求契合国家治理现代化的时

---

① 习近平. 在庆祝改革开放 40 周年大会上的讲话［N］. 人民日报，2018－12－19 (2).

② 阎小骏. 中国何以稳定：来自田野的观察与思考［M］. 北京：中国社会科学出版社，2017：1-4.

代需要，在明确司法审判工作法律责任与政治责任协同的基本原则的基础上，在党规国法合理化边界、党内系统协调性处理、党内法规司法适用等方面进一步建章立制，加快推进司法工作体系和工作能力现代化，并将其转化为具有解释力、说服力、传播力的制度效能。首先，确立司法审判工作的法律责任与政治责任协同的基本原则，即宪法至上与党章为本的有机统一、依法治国与依规治党的有机统一和党的领导与依法独立公正行使司法权的有机统一。其次，强化司法审判工作的法律责任与政治责任协同的制度建构，即在党内法规与国家法律统筹推进、一体建设的法治背景下，使"党的领导"呈现出党规国法双轮驱动的法治新样态，即由国家法律进行抽象确认的国法路径和由党内法规进行细化规定的党规路径。最后，规范党内法规的司法适用，即既要理性认知党内法规的司法适用，又要运用科学选取和构建案例类型图谱的手段严格规范党内法规的司法适用。通过以上宏观原则确立、中观制度建构、微观适用规范，从而在司法领域构建起具有中国特色的加强党的领导的法治路径。

参考文献

一、中文文献

（一）专著类

[1] 本书编写组.党的十九大报告学习辅导百问 ［M］.北京：党建读物出版社，学习出版社，2017.

[2] 曹建明.公正与效率的法理研究 ［M］.北京：人民法院出版社，2002.

[3] 常健.现代领导科学 ［M］.天津：天津大学出版社，2008.

[4] 陈兴良.法治的使命 ［M］.北京：法律出版社，2001.

[5] 程燎原，江山.法治与政治权威 ［M］.北京：清华大学出版社，2001.

[6] 程竹汝.依法治国与深化司法体制改革 ［M］.上海：上海人民出版社，2014.

[7] 辞海：中 ［M］.上海：上海辞书出版社，1979.

[8] 邓小平.邓小平文选：第二卷 ［M］.北京：人民出版社，1993.

［9］董必武．董必武法学文集［M］．北京：法律出版社，2001.

［10］董必武．董必武政治法律文集［M］．北京：法律出版社，1986.

［11］范愉，黄娟，彭小龙．司法制度概论［M］．北京：中国人民大学出版社，2013.

［12］韩秀桃．司法独立与近代中国［M］．北京：清华大学出版社，2003.

［13］韩延龙，常兆儒．革命根据地法制文献选编：上卷［M］．北京：中国社会科学出版社，2013.

［14］贺卫方．司法的理念与制度［M］．北京：中国政法大学出版社，1998.

［15］黄茂荣．法学方法与现代民法［M］．北京：法律出版社，2007.

［16］黄文艺．比较法：原理与应用［M］．北京：高等教育出版社，2006.

［17］黄文艺．中国法律发展的法哲学反思［M］．北京：法律出版社，2010.

［18］季卫东．法治秩序的建构［M］．北京：中国政法大学出版社，1999.

［19］梁治平．法律的文化解释［M］．北京：生活·读书·新知三联书店，1994.

［20］中共中央马克思恩格斯列宁斯大林著作编译局．列宁全集：第17卷［M］．北京：人民出版社，1988.

［21］刘少奇选集：下卷［M］．北京：人民出版社，1985.

［22］龙宗智．相对合理主义［M］．北京：中国政法大学出版社，1999.

［23］鲁明健．中国司法制度教程［M］．北京：中国政法大学出版社，1996.

［24］毛泽东．毛泽东选集：第四卷［M］．北京：人民出版社，1991.

［25］毛泽东．毛泽东选集：第1卷［M］．北京：人民出版社，1991.

［26］欧爱民．党内法规与国家法律关系论［M］．北京：社会科学文献出版社，2018.

［27］彭真．论新中国的政法工作［M］．北京：中央文献出版社，1992.

［28］彭真．彭真文选：1941—1990年［M］．北京：人民出版社，1991.

［29］秦强．以党内法规扎紧制度笼子［M］．北京：人民日报出版社，2018.

［30］渠敬东．现代政治与自然［M］．上海：上海人民出版社，2003.

［31］本书编写组．十一届三中全会以来历次党代会、中央全会报告　公报　决议　决定：上［M］．北京：中国方正出版社，2008.

［32］本书编写组．十一届三中全会以来历次党代会、中央全会报告　公报　决议　决定：下［M］．北京：中国方正出版社，2008.

［33］舒国滢．法学方法论［M］．厦门：厦门大学出版社，2013．

［34］宋冰编．读本：美国与德国的司法制度及司法程序［M］．北京：中国政法大学出版社，1998．

［35］宋功德，张文显．党内法规学［M］．北京：高等教育出版社，2020．

［36］苏力．法治及其本土资源［M］．北京：中国政法大学出版社，1996．

［37］谭世贵．中国司法改革研究［M］．北京：法律出版社，2000．

［38］汪庆华．政治中的司法：中国行政诉讼的法律社会学考察［M］．北京：清华大学出版社，2011．

［39］王利明．司法改革研究［M］．北京：法律出版社，2000．

［40］王绍光．安邦之道：国家转型的目标与途径［M］．北京：生活·读书·新知三联书店，2007．

［41］王先霈，王又平．文学理论批评术语汇释［M］．北京：高等教育出版社，2006．

［42］习近平．习近平谈治国理政：第3卷［M］．北京：外文出版社，2020．

［43］习近平．习近平谈治国理政：第2卷［M］．北京：外文出版社，2017．

［44］习近平．之江新语［M］．杭州：浙江人民出版社，2007．

［45］信春鹰，李林．依法治国与司法改革［M］．北京：中国法制出版社，1999．

［46］熊先觉. 司法学［M］. 北京：法律出版社，2008.

［47］闫健. 中国共产党转型与中国的变迁：海外学者视角评析［M］. 北京：中央编译出版社，2013.

［48］阎小骏. 中国何以稳定：来自田野的观察与思考［M］. 北京：中国社会科学出版社，2017.

［49］姚建宗. 法律与发展研究导论［M］. 长春：吉林大学出版社，1998.

［50］姚建宗. 新兴权利研究［M］. 北京：中国人民大学出版社，2011.

［51］余敏声. 中国法制化的历史进程［M］. 合肥：安徽人民出版社，1997.

［52］俞可平. 中国的政治发展：中美学者的视角［M］. 北京：社会科学文献出版社，2003.

［53］俞宣孟. 本体论研究［M］. 上海：上海人民出版社，2012.

［54］张晋藩，海威，初尊贤. 中华人民共和国国史大辞典［M］. 哈尔滨：黑龙江人民出版社，1992.

［55］张文显，信春鹰，孙谦. 司法改革报告：法律职业共同体研究［M］. 北京：法律出版社，2003.

［56］张文显. 部门法哲学［M］·北京：法律出版社，2011.

［57］张文显. 当代西方法哲学［M］. 长春：吉林大学出版社，1987.

［58］张文显. 二十世纪西方法哲学思潮研究［M］. 北京：法律出版社，2006.

［59］张文显．二十世纪西方法哲学思潮研究［M］．北京：法律出版社，1996.

［60］张文显．法理学［M］．北京：高等教育出版社，2011.

［61］张文显．法理学［M］．北京：高等教育出版社，2018.

［62］张文显．法理学［M］．北京：高等教育出版社，2003.

［63］张文显．法学概论［M］．北京：高等教育出版社，2010.

［64］张文显．法学基本范畴研究［M］．北京：中国政法大学出版社，1993.

［65］张文显．法哲学范畴研究［M］．北京：中国政法大学出版社，2001.

［66］张文显．法治与法治国家［M］·北京：法律出版社，2011.

［67］张文显．司法的实践理性［M］．北京：法律出版社，2016.

［68］张文显．张文显法学文选：卷 7：司法理念与司法改革［M］．北京：法律出版社，2011.

［69］张文显．张文显法学文选［M］．北京：法律出版社，2011.

［70］张文显．政治与法治：中国政治体制改革与法制建设的理论思考［M］．长春：吉林大学出版社，1994.

［71］张中秋．中西法律文化比较研究［M］．南京：南京大学出版社，1999.

［72］郑永年．改革及其敌人［M］．杭州：浙江人民出版社，2011.

［73］中共中央党史研究室．中国共产党的九十年［M］．北京：中共党史出版社，党建读物出版社，2016.

［74］中共中央马克思恩格斯列宁斯大林著作编译局．马克思恩格斯全集：第 25 卷［M］．北京：人民出版社，2001．

［75］中共中央文献研究室．建国以来重要文献选编：第三册［M］．北京：中央文献出版社，1992．

［76］中共中央文献研究室．建国以来重要文献选编：第四册［M］．北京：中央文献出版社，1993．

［77］中共中央文献研究室．建国以来重要文献选编：第一册［M］．北京：中央文献出版社，1992．

［78］中共中央文献研究室．三中全会以来重要文献选编：上［M］．北京：人民出版社，1982．

［79］中共中央文献研究室．十八大以来重要文献选编：上［M］．北京：中央文献出版社，2014．

［80］中共中央文献研究室．十三大以来重要文献选编：上［M］．北京：中央文献出版社，2011．

［81］中共中央文献研究室．习近平关于全面依法治国论述摘编［M］．北京：中央文献出版社，2015．

［82］中国共产党第十九次全国代表大会文件汇编［M］．北京：人民出版社，2017．

［83］中央档案馆．中共中央文件选集：第 17 册［M］．北京：中共中央党校出版社，1992．

［84］中央档案馆．中共中央文件选集：第 13 册［M］．北京：中共中央党校出版社，1991．

［85］中央文献研究室，中央档案馆．建党以来重要文献选编：第

15 册 [M]. 北京：中央文献出版社，2011.

[86] 周淑真. 政党政治学 [M]. 北京：人民出版社，2011.

[87] 卓泽渊. 法政治学 [M]. 北京：法律出版社，2005.

[88] 卓泽渊. 法政治学研究 [M]. 北京：法律出版社，2011.

[89] 邹谠. 中国革命再阐释 [M]. 香港：香港牛津大学出版社，2002.

[90] 中共中央文献研究室. 建国以来重要文件选编：第一册 [M]. 北京：中央文献出版社，1992.

(二) 译著类

[1] 格林. 现代宪法的诞生、运作和前景 [M]. 刘刚，译. 北京：法律出版社，2010.

[2] 格林. 政治与法 [M]. 杨登杰，译. 北京：中国政法大学出版社，2003.

[3] 哈贝马斯. 交往与社会进化 [M]. 张博树，译. 重庆：重庆出版社，1989.

[4] 卢曼. 社会的法律 [M]. 郑伊倩，译. 北京：人民出版社，2009.

[5] 夸克. 合法性与政治 [M]. 佟心平，王远飞，译. 北京：中央编译出版社，2008.

[6] 托克维尔. 论美国的民主 [M]. 董果良，译. 北京：商务印书馆，1988.

[7] 阿伦特. 共和的危机 [M]. 郑辟瑞，译. 上海：上海人民出

版社，2013.

[8] 阿伦特．论革命［M］．陈周旺，译．北京：译林出版社，2011.

[9] 埃尔斯特，斯莱格斯塔德．宪政与民主：理性与社会变迁研究［M］．潘勤，谢鹏程，译．北京：生活·读书·新知三联书店，1997.

[10] 博登海默．法理学：法律哲学与法律方法［M］．邓正来，译．北京：中国政法大学出版社，2010.

[11] 达玛什卡．司法和国家权力的多种面孔：比较视野中的法律程序［M］．郑戈，译．北京：中国政法大学出版社，2015.

[12] 亨廷顿．变化社会中的政治秩序［M］．王冠华，刘为，等，译．上海：上海人民出版社，2008.

[13] 凯尔森．法与国家的一般理论［M］．沈宗灵，译．北京：中国大百科全书出版社，1996.

[14] 肯尼迪．判决的批判：写在世纪文末［M］．王家国，译．北京：法律出版社，2012.

[15] 伦斯特洛姆．美国法律辞典［M］．贺卫方，樊翠华，刘茂林，等，译．北京：中国政法大学出版社，1998.

[16] 诺内特，塞尔兹尼克．转变中的法律与社会：迈向回应型法［M］．张志铭，译．北京，中国政法大学出版社，2004.

[17] 诺斯．理解经济变迁过程［M］．钟正生，刑华，译．北京：中国人民大学出版社，2008.

[18] 诺斯．制度、制度变迁与经济绩效［M］．刘守英，译．上

海：上海人民出版社，1994.

[19] 芮恩施. 平民政治的基本原理 [M]. 罗家伦，译. 北京：中国政法大学出版社，2003.

[20] 萨拜因，索尔森. 政治学说史：下卷 [M]. 邓正来，译. 上海：上海人民出版社，2010.

[21] 夏皮罗. 法院：比较法上和政治学上的分析 [M]. 张生，李彤，译. 北京：中国政法大学出版社，2005.

[22] 雅诺斯基. 公民与文明社会 [M]. 柯雄，译. 沈阳：辽宁教育出版社，2000.

[23] 约翰·奈斯比特，多丽丝·奈斯比特. 中国大趋势 [M]. 魏平，译. 北京：中华工商联合出版社，2009.

[24] 芦部信喜. 宪法：第三版 [M]. 林来梵，凌维慈，龙绚丽，译. 北京：北京大学出版社，2006.

[25] 奥斯丁. 法理学的范围 [M]. 刘星，译. 北京：中国法制出版社，2002.

[26] 边沁. 道德与立法原理导论 [M]. 时殷弘，译. 北京：商务印书馆，2000.

[27] 边沁. 论一般法律 [M]. 毛国权，译. 上海：上海三联书店，2008.

[28] 边沁. 政府片论 [M]. 沈叔平，等，译. 北京：商务印书馆，1995.

[29] 哈特. 法律的概念 [M]. 许家馨，李冠宜，译. 北京：法律出版社，2011.

[30] 海伍德. 政治学 [M]. 张立鹏，译. 北京：中国人民大学出版社，2013.

[31] 霍布斯. 利维坦 [M]. 黎思复，黎廷弼，译. 北京：商务印书馆，1985.

[32] 洛克林. 剑与天平：法律与政治关系的省察 [M]. 高秦伟，译. 北京：北京大学出版社，2011.

[33] 培根. 培根随笔集 [M]. 蒲隆，译. 北京：中央编译出版社，2015.

[34] 詹宁斯. 法与宪法 [M]. 龚祥瑞，侯健，译. 北京：生活·读书·新知三联书店，1997.

（三）期刊论文类

[1] 艾佳慧. 中国法院绩效考评制度研究："同构性"和"双轨制"的逻辑及其问题 [J]. 法制与社会发展，2008 (5).

[2] 陈光中，肖沛权. 关于司法权威问题之探讨 [J]. 政法论坛，2011，29 (1).

[3] 陈瑞华. 法官责任制度的三种模式 [J]. 法学研究，2015，37 (4).

[4] 陈瑞华. 司法权的性质：以刑事司法为范例的分析 [J]. 法学研究，2000 (5).

[5] 陈卫东. 改革开放四十年中国司法改革的回顾与展望 [J]. 中外法学，2018，30 (6).

[6] 崔言鹏，高新民. 中国特色党政关系构建的理论背景、历时

进路和新趋势［J］.理论导刊，2018（8）.

［7］戴治勇.多任务司法裁判与相机控制权分配［J］.法制与社会发展，2016，22（5）.

［8］耶林，潘汉典.权利斗争论［J］.法学译丛，1985（2）.

［9］董超.司法独立在中国［J］.政法论丛，2005（1）.

［10］段瑞群.政法领域党内法规体系化建构研究：以《中国共产党政法工作条例》文本为例［J］.中国法律评论，2019（4）.

［11］段瑞群.政法领域中请示报告制度的理解与适用［J］.理论与改革，2020（5）.

［12］布迪厄，强世功.法律的力量：迈向司法场域的社会学［J］.北大法律评论，1999（2）.

［13］方乐.审判权内部运行机制改革的制度资源与模式选择［J］.法学，2015（3）.

［14］葛洪义.政治·理性·法律［J］.学习与探索，2005（5）.

［15］公丕祥.当代中国的自主型司法改革道路：基于中国司法国情的初步分析［J］.法律科学（西北政法大学学报），2010，28（3）.

［16］公丕祥.新时代中国司法现代化的理论指南［J］.法商研究，2019，36（1）.

［17］顾培东.当代中国司法生态及其改善［J］.法学研究，2016，38（2）.

［18］顾培东.中国司法改革的宏观思考［J］.法学研究，2000（3）.

［19］郭道晖.司法改革与改善党对司法的领导［J］.改革，2002

(1).

[20] 郭锋. 建立违反法定程序干预司法的登记备案制探讨 [J]. 法学杂志, 2014, 35 (7).

[21] 郭世杰. 论党内法规向国家法律转化的具体路径 [J]. 中共福建省委党校学报, 2019 (1).

[22] 何青洲. 政治正义的司法实现 [J]. 政治法学研究, 2014, 2 (2).

[23] 侯猛. 当代中国政法体制的形成及意义 [J]. 法学研究, 2016, 38 (6).

[24] 侯忠泽. 略论法院独立审判与党委领导 [J]. 河北法学, 1984 (6).

[25] 胡水君. 权利政治的流变: 关于权利与国家理论的一个思想考察 [J]. 清华法学, 2007 (3).

[26] 黄卉. "一切意外都源于各就各位": 从立法主义到法律适用主义 [J]. 读书, 2008 (11).

[27] 黄文艺. 对"法治中国"概念的操作性解释 [J]. 法制与社会发展, 2013, 19 (5).

[28] 黄文艺. 法律职业话语的解析 [J]. 法律科学 (西北政法学院学报), 2005 (4).

[29] 黄文艺. 加快法治国家建设的思想纲领 [J]. 新长征 (党建版), 2012 (12).

[30] 黄文艺. 论中国特色社会主义立法理论 [J]. 南京社会科学, 2012 (10).

［31］黄文艺. 司法公开意义深远［J］. 法制与社会发展, 2014, 20（3）.

［32］黄文艺. 新时代政法改革论纲［J］. 中国法学, 2019（4）.

［33］黄文艺. 中国特色社会主义法律体系的理论解读［J］. 思想理论教育导刊, 2012（2）.

［34］黄文艺. 中国政法体制的规范性原理［J］. 法学研究, 2020, 42（4）.

［35］季卫东. 司法与政治改革互为依存［J］. 政府法制, 2010（8）.

［36］季卫东. 我国司法改革第三波［J］. 司法改革评论, 2011（11）.

［37］江必新. 学习宪法修正案　推动宪法全面实施［J］. 法律适用, 2018（9）.

［38］江必新. 正确认识司法与政治的关系［J］. 求是, 2009（24）.

［39］江国华. 常识与理性（十）: 司法技术与司法政治之法理及其兼容［J］. 河北法学, 2011, 29（12）.

［40］江国华. 审判的社会效果寓于其法律效果之中［J］. 湖南社会科学, 2011（4）.

［41］江国华. 司法规律层次论［J］. 中国法学, 2016（1）.

［42］康晓光. 经济增长、社会公正、民主法治与合法性基础: 1978 年以来的变化与今后的选择［J］. 战略与管理, 1999（4）.

［43］李步云, 黎青. 从"法制"到"法治"二十年改一字: 建国

以来法学界重大事件研究 [J]. 法学, 1999 (7).

[44] 李国光. 坚持办案的法律效果与社会效果相统一 [J]. 党建研究, 1999 (12).

[45] 李建明. 论党领导下的司法独立 [J]. 政治与法律, 2003 (2).

[46] 李克诚, 刘思萱. 论法律原则在我国司法裁判中的适用: 以《最高人民法院公报》案例为范本的研究 [J]. 法律适用, 2008 (3).

[47] 李茂管. "以法治党" 的提法不妥 [J]. 学术交流, 1987 (1).

[48] 李树民. 当代中国司法公信力建构的政治蕴含 [J]. 当代法学, 2013, 27 (6).

[49] 李雅云. 对中国司法独立问题的思考 [J]. 北京行政学院学报, 2008 (2).

[50] 李雅云. 政党与司法的关系: 以美国联邦大法官为例 [J]. 中共中央党校学报, 2008 (5).

[51] 李雅云. 中国法治建设里程碑式的党的文件: 纪念中共中央发布《关于坚决保证刑法、刑事诉讼法切实实施的指示》25 周年 [J]. 法学, 2004 (9).

[52] 李养龄. 在党的领导下、做好人民司法工作 [J]. 法学, 1958 (9).

[53] 刘长秋. 论党内法规的概念与属性: 兼论党内法规为什么不宜上升为国家法 [J]. 马克思主义研究, 2017 (10).

[54] 刘忠. "党管政法" 思想的组织史生成 (1949—1958)

[J]．法学家，2013（2）．

[55] 刘忠．格、职、级与竞争上岗：法院内部秩序的深层结构[J]．清华法学，2014，8（2）．

[56] 刘忠．论中国法院的分庭管理制度[J]．法制与社会发展，2009，15（5）．

[57] 刘作翔．从文化的概念到法律文化的概念："法律文化"：一个新文化概念的取得及其"合法性"[J]．法律科学（西北政法学院学报），1998（2）．

[58] 龙宗智，李常青．论司法独立与司法受制[J]．法学，1998（12）．

[59] 吕永祥，王立峰．依法治国与依规治党统筹推进机制研究：基于中国特色社会主义法治的动态分析[J]．河南社会科学，2018，26（2）．

[60] 罗豪才．中国以民生为重的人权建设[J]．人权，2013（3）．

[61] 马长山．法外"政治合法性"对司法过程的影响及其消除：以"李国和案"为例[J]．法商研究，2013，30（5）．

[62] 马长山．公共议题下的权力"抵抗"逻辑：彭水诗案中舆论监督与公权力之间的博弈分析[J]．法律科学（西北政法大学学报），2014，32（1）．

[63] 马长山．公共政策合法性的民主化重建：公共领域视野下的"医改"进程审视[J]．浙江社会科学，2011（11）．

[64] 马长山．媒体介入司法之"危险"与"忠诚"争议的背后：重拾张金柱案[J]．社会科学研究，2014（3）．

[65] 马长山. 网络反腐的"体制外"运行及其风险控制 [J]. 法商研究, 2014, 31 (6).

[66] 柯恩. 作为理由之治的法治 [J]. 杨贝, 译. 中外法学, 2010, 22 (3).

[67] 欧爱民, 向嘉晨. 党的领导法治化的复合模式及其实施路径 [J]. 吉首大学学报 (社会科学版), 2020, 41 (2).

[68] 欧爱民, 向嘉晨. "党的领导"入法原则及其标准 [J]. 中共天津市委党校学报, 2020, 22 (3).

[69] 欧爱民, 向嘉晨. 党的领导与中国法治特色 [J]. 理论视野, 2020 (4).

[70] 庞卓恒. 历史学的本体论、认识论、方法论 [J]. 历史研究, 1988 (1).

[71] 彭汉英. 当代西方的法律政策思想 [J]. 外国法评议, 1997 (2).

[72] 强世功. 法律共同体宣言 [J]. 中外法学, 2001, 3.

[73] 舒也. 本体论的价值之维 [J]. 浙江社会科学, 2006 (3).

[74] 苏北新. 党的领导与司法独立 [J]. 领导科学, 1987 (8).

[75] 苏力. 关于能动司法 [J]. 法律适用, 2010 (Z1).

[76] 苏力. 论法院的审判职能与行政管理 [J]. 中外法学, 1999 (5).

[77] 孙笑侠, 徐显明, 季卫东, 等. 转型期法治纵论 [J]. 中国政法大学学报, 2010 (2).

[78] 孙笑侠. 司法的政治力学: 民众、媒体、为政者、当事人与

司法官的关系分析 [J]. 中国法学, 2011 (2).

[79] 孙笑侠. 司法权的本质是判断权—司法权与行政权的十大区别 [J]. 法学, 1998 (8).

[80] 童之伟. 司法中立：改善党的领导的关键 [J]. 炎黄春秋, 2014 (9).

[81] 万春. 论构建有中国特色的司法独立制度 [J]. 法学家, 2002 (3).

[82] 汪火良. 论党支持司法：理论阐释和实现方式 [J]. 湖南行政学院学报, 2017 (6).

[83] 汪太贤. 对立与依存：法与政治关系中的两大传统 [J]. 学习与探索, 2005 (5).

[84] 王长江. 中国共产党执政七十年党建经验再思考 [J]. 党政研究, 2019 (4).

[85] 王立峰. 党规与国法一致性的证成逻辑：以中国特色社会主义法治为视域 [J]. 南京社会科学, 2015 (2).

[86] 王立峰. 走向法治之路：新中国成立以来党内法规的制度实践 [J]. 湖湘论坛, 2020, 33 (1).

[87] 习近平. 加强党对全面依法治国的领导 [J]. 奋斗, 2019 (4).

[88] 熊秋红. 中国司法建设：回顾与反思 [J]. 理论月刊, 2010 (4).

[89] 徐昕, 黄艳好, 卢荣荣. 2010 年中国司法改革年度报告 [J]. 政法论坛, 2011, 29 (3).

[90] 杨建军. 法治国家中司法与政治的关系定位 [J]. 法制与社会发展, 2011, 17 (5).

[91] 杨建军. 法治国家中司法与政治的关系定位 [J]. 法制与社会发展, 2011, 17 (5).

[92] 姚建宗. 法律的政治逻辑阐释 [J]. 政治学研究, 2010 (2).

[93] 姚建宗. 论法律与政治的共生: 法律政治学导论 [J]. 学习与探索, 2010 (4).

[94] 姚建宗. 信仰: 法治的精神意蕴 [J]. 吉林大学社会科学学报, 1997 (2).

[95] 阴建峰. 论法律效果与社会效果的统一: 以贯彻宽严相济刑事政策为中心 [J]. 河南社会科学, 2011, 19 (2).

[96] 于晓红, 杨惠. 党政体制重构视阈下政法工作推进逻辑的再审视: 基于《中国共产党政法工作条例》的解读 [J]. 学术月刊, 2019, 51 (11).

[97] 於兴中. 基本矛盾、虚假的必然性与司法裁决的意识形态性质: 邓肯·肯尼迪的《司法裁决批判》简评 [J]. 比较法研究, 2010 (4).

[98] 喻中. 作为政治的法治: 社会主义法治理念的政治解释 [J]. 烟台大学学报 (哲学社会科学版), 2012, 25 (3).

[99] 翟小波. 法院体制自主性建构之反思 [J]. 中外法学, 2001 (3).

[100] 张保生. 人工智能法律系统的法理学思考 [J]. 法学评论, 2001 (5).

［101］张洪涛. 司法之所以为司法的组织结构依据：论中国法院改革的核心问题之所在 ［J］. 现代法学，2010，32（1）.

［102］张健. 合法性与中国政治 ［J］. 战略与管理，2000（5）.

［103］张卫平. 法治思维与政治思维 ［J］. 浙江社会科学，2013（12）.

［104］张文显，李光宇. 论法律文化与司法建设 ［J］. 社会科学战线，2012（6）.

［105］张文显，李光宇. 司法：法律效果与社会效果的衡平分析 ［J］. 社会科学战线，2011（7）.

［106］张文显，孙妍. 中国特色社会主义司法理论体系初论 ［J］. 法制与社会发展，2012，18（6）.

［107］张文显，于莹. 法学研究中的语义分析方法 ［J］. 法学，1991（10）.

［108］张文显. 国家制度建设和国家治理现代化的五个核心命题 ［J］. 法制与社会发展，2020，26（1）.

［109］张文显. 全面推进法制改革，加快法治中国建设：十八届三中全会精神的法学解读 ［J］. 法制与社会发展，2014，20（1）.

［110］张文显. 全面推进依法治国的伟大纲领：对十八届四中全会精神的认知与解读 ［J］. 法制与社会发展，2015，21（1）.

［111］张文显. 司法改革的政治定性 ［J］. 法制与社会发展，2014，20（6）.

［112］张文显. 现代性与后现代性之间的中国司法：诉讼社会的中国法院 ［J］. 现代法学，2014，36（1）.

[113] 张文显. 新时期政法工作的实践辩证法 [J]. 法制与社会发展, 2014, 20 (2).

[114] 张文显. 新思想引领法治新征程: 习近平新时代中国特色社会主义思想对依法治国和法治建设的指导意义 [J]. 法学研究, 2017, 39 (6).

[115] 张文显. 运用法治思维和法治方式治国理政 [J]. 社会科学家, 2014 (1).

[116] 张文显. 在新的历史起点上推进法学理论创新引领中国法学思潮: 主编新年致辞 [J]. 法制与社会发展, 2013, 19 (1).

[117] 张文显. 中国法治 40 年: 历程、轨迹和经验 [J]. 吉林大学社会科学学报, 2018, 58 (5).

[118] 赵长生. 法律与政治相互关系之多重透视 [J]. 法律科学 (西北政治学院学报), 1991 (3).

[119] 赵晓耕, 段俊杰. 正确定位党与司法的关系: 从董必武的司法思想和美国的司法实践谈起 [J]. 惠州学院学报, 2014, 34 (2).

[120] 赵震江, 付子堂. 论政治法治化 [J]. 中外法学, 1998 (3).

[121] 赵忠龙. 法治与政治辩证统一 [J]. 理论导报, 2015 (10).

[122] 郑智航. 党管政法的组织基础与实施机制: 一种组织社会学的分析 [J]. 吉林大学社会科学学报, 2019, 59 (5).

[123] 钟瑞庆. 司法与政治:"转型期法治"全国研讨会综述 [J]. 法制与社会发展, 2010, 16 (3).

[124] 周尚君. 党管政法: 党与政法关系的演进 [J]. 法学研究,

2017, 39 (1).

[125] 周永坤. 政治当如何介入司法 [J]. 暨南学报 (哲学社会科学版), 2013, 35 (11).

[126] 周祖成. 法律与政治: 共生中的超越和博弈 [J]. 现代法学, 2012, 34 (6).

[127] 朱景文. 法律是一种规则政治 [J]. 学习与探索, 2005 (5).

[128] 卓泽渊. 政治是法律的基础 [J]. 学习与探索, 2005 (5).

(四) 报刊文献类

[1] 郭声琨强调增强政治自觉强化责任担当切实将习近平总书记重要讲话精神落实到位 [N]. 人民日报, 2019-01-27 (4).

[2] 王伟国. 党内法规在习近平法治思想中的定位 [N]. 中国社会科学报, 2021-11-17 (8).

[3] 习近平. 坚持以人民为中心的发展思想 履行好维护国家政治安全确保社会大局稳定 促进社会公平正义保障人民安居乐业的主要任务 [N]. 人民日报, 2018-01-23 (1).

[4] 习近平. 顺应人民对公共安全司法公正权益保障的新期待 全力推进平安中国法治中国过硬队伍建设 [N]. 人民日报, 2013-01-08 (1).

[5] 习近平. 《中共中央关于全面推进依法治国若干重大问题的决定》的说明 [N]. 人民日报, 2014-10-29 (2).

[6] 中共中央印发《深化党和国家机构改革方案》 [N]. 人民日

报，2018-03-22（6）.

[7] 中国共产党党内法规体系 [N]. 人民日报，2021-08-04（1）.

[8] 周强. 最高人民法院工作报告 [N]. 人民日报，2019-03-20
（6）.

二、外文文献

（一）专著类

[1] ALTMAN A. Critical Legal Studies：A Liberal Critique [M]. NJ：
Princeton University Press，1990.

[2] BODDE D. Clarence Morris，Law in Imperial China [M].
Cambridge：Harvard University Press，1967.

[3] GARNER B A. Black's Law Dictionary [M]. 7th ed. Eagan：West
Group，1999.

[4] GABEL P. Reification in Legal Reasoning，in Marxism and Law
[M]. New York：John Wiley and Sons，1982.

[5] HART H L A. Essays on Bentham：Jurisprudence and Political
Theory [M]. Oxford：Oxford University Press，1982.

[6] JACOB H，BLANKENBURG E，KRITZER H M，et al. Courts，
Law and Politics in Comparative Perspective [M]. New Haven：Yale University
Press，1996.

[7] KELMAN M. A Guide to Critical Legal Studies [M]. Cambridge：
Harvard University Press，1987.

[8] KAIRYS D. Legal Reasoning，in the Politics of Law：A Progressive

Critique [M]. New York: Randam House, 1982.

[9] LUBMAN S B. Bird in a Cage: Legal reform in China after Mao [M]. New York: Stanford University Press, 1999.

[10] MICHAEL F. Human Rights in the People's Republic of China [M]. Boulder & London: Westview Press, 1988.

[11] MCCORMICK B L. Political Reform in Post – Mao China: Democracy and Bureaucracy in a Leninist State [M]. Berkeley: University of California Press, 1990.

[12] MÄKI U. The Economic World View: Studies in the Ontology of Economics [M]. Cambridge: Cambridge University Press, 2001.

[13] PEERENBOOM R. China's Long March Toward Rule of Law [M]. Cambridge: Cambridge University Press, 2002.

[14] PEI M X. China's Trapped Transition: The Limits of Developmental Autocracy [M]. Cambridge: Harvard University Press, 2006.

[15] TIEDEMAN C G. A Treatise on the Limitations of Police Power in the United States: Considered from Both a Civil and Criminal Standpoint [M]. Sb. Louis: F. H. Thomas Law Book Company, 1886.

[16] UNGER R. Knowledge and Politics [M]. New York: Free Press, 1975.

[17] WHITTINGTON K E, KELEMEN R D, CALDEIRA G A. The Oxford Handbook of Law and Politics [M]. Oxford: Oxford University Press, 2010.

[18] ZAMBONI M. Law and Politics: A Dilemma for Contemporary

Legal Theory [M]. Heidelberg: Springer-Verlag Berlin, 2008.

(二) 期刊类

[1] BEATTY D. Law and Politics [J]. The American Journal of Comparative Law, 1996, 44 (1).

[2] BOYLE J. The Anatomy of a Torts Class [J]. American University Law Review, 1985 (34).

[3] CHATTERJEE A. Ontology, Epistemology and Multimethod Research in Political Science [J]. Philosophy of the Social Sciences, 2011, 43 (1).

[4] COHEN J A. The Criminal Process in the People's Republic of China 1949-1963: An Introduction [J]. Harvard Law Review, 1966, 79 (3).

[5] CROSS F B. Decision-making in the U. S. Circuit Courts of Appeals [J]. California Law Review, 2003, 91 (6).

[6] FARBER D A. Toward a New Legal Realism: Reviewing Behavioral Law and Economics by Cass R. Sunstein [J]. University of Chicago Law Review, 2001, 68 (1).

[7] KENNEDY D. Form and Substance in Private Law Adjudication [J]. Harv. L. Rev, 1976 (89).

[8] LEITER B. Legal Formalism and Legal Realism: What is the Issue? [J]. Legal Theory, 2010, 16 (2).

[9] LIAM S. Rethinking the Definition and Role of Ontology in Political Science [J]. Politics, 2012, 32 (2).

［10］ MILES T J, SUNSTEIN C R. The New Legal Realism ［J］. University of Chicago Law Review, 2008, 75 (2).

［11］ NOURSE V, SHAFFER. Varieties of New Legal Realism: Can A New World Order Prompt A New Legal Theory? ［J］. Cornell Law Review, 2009, 95 (1).

［12］ TAMANAHA B Z. Balanced Realism on Judging ［J］. Valparaiso University Law Review, 2010, 44 (4).